JN085572

会社別就活ハンドブックシリーズ

2025

GMO インターネット グループの 就活ハンドブック

就職活動研究会 編
JOB HUNTING BOOK

は じ め に

　2021年春の採用から，1953年以来続いてきた，経団連（日本経済団体連合会）の加盟企業を中心にした「就活に関するさまざまな規定事項」の規定が，事実上廃止されました。それまで卒業・修了年度に入る直前の3月以降になり，面接などの選考は6月であったものが，学生と企業の双方が活動を本格化させる時期が大幅にはやまることになりました。この動きは2022年春そして2023年春へと続いております。

　また新型コロナウイルス感染者の増加を受け，新卒採用の活動に対してオンラインによる説明会や選考を導入した企業が急速に増加しました。採用環境が大きく変化したことにより，どのような場面でも対応できる柔軟性，また非接触による仕事の増加により，傾聴力というものが新たに求められるようになりました。

　『会社別就職ハンドブックシリーズ』は，いわゆる「就活生向け人気企業ランキング」を中心に，当社が独自にセレクトした上場している一流・優良企業の就活対策本です。面接で聞かれた質問にはじまり，業界の最新情報，さらには上場企業の株主向け公開情報である有価証券報告書の分析など，企業の多角的な判断・研究材料をふんだんに盛り込みました。加えて，地方の優良といわれている企業もラインナップしています。

　思い込みや憧れだけをもってやみくもに受けるのではなく，必要な情報を収集し，冷静に対象企業を分析し，エントリーシート作成やそれに続く面接試験に臨んでいただければと思います。本書が，その一助となれば幸いです。

　この本を手に取られた方が，志望企業の内定を得て，輝かしい社会人生活のスタートを切っていただけるよう，心より祈念いたします。

就職活動研究会

Contents

第1章

GMOインターネットグループの会社概況

会社によって選考方法は千差万別。面接で問われる内容や採用スケジュールもバラバラだ。採用試験ひとつとってみても，その会社の社風が表れていると言っていいだろう。ここでは募集要項や面接内容について過去の事例を収録している。

また，志望する会社を数字の面からも多角的に研究することを心がけたい。

✔ 企業理念

スピリットベンチャー宣言

私たちGMOインターネットグループは、1995年にインターネット事業を創業して以来、創業の精神（マインド）を受け継ぎ、培ってきました。

そして、これらをGMOインターネットグループの夢、ビジョン、フィロソフィーとして体系立て、明文化したものが「スピリットベンチャー宣言」です。

この「スピリットベンチャー宣言」には、私たちの夢や社会に果たす役割などのミッション、それを成し遂げるための事業戦略が示されています。

私たちは、この「スピリットベンチャー宣言」のもと、一丸となって社会に貢献し続けてまいります。

夢　人生を何に捧げるのか

インターネットの産業の中で圧倒的"一番"になる。

ビジョン　宝の山はどこにあるのか

インターネットの"場"の提供に経営資源を集中し、多くのファンの「笑顔」「感動」と、その結果としての大きな利益を生む。

フィロソフィー　何のために存在するのか

インターネットを豊かに楽しくし、新たなインターネットの文化・産業とお客様の「笑顔」「感動」を創造し、社会と人々に貢献する。

✔ 会社データ

設立日	1991年5月24日
所在地	グループ本社 〒150-8512 東京都渋谷区桜丘町26番1号 セルリアンタワー 4～14階・総合受付11階
事業内容	インターネットインフラ事業 インターネット広告・メディア事業 インターネット金融事業 暗号資産（仮想通貨）事業
資本金	50億円（2023年9月末日時点）
代表者	代表取締役グループ代表 熊谷 正寿
従業員数	7,393名（社員 6,249名 / 臨時従業員 1,144名） 2023年6月末日時点　企業グループ合計数

✔ 仕事内容

インターネットインフラ事業

ドメイン事業

Web サイトの構築に必要なインターネット上の住所の役割をするドメインを扱っています。お名前 .com は日本で初めて商用ドメイン名の登録機関（レジストラ）に選出された、国内 No.1 のシェアを誇るレジストラです。新しいドメインを世界同時登録のタイミングで提供し、多くのお客様にドメインの登録 / 運営を快適に行っていただくためのサポートをし、ドメイン知識と蓄積してきたノウハウでお客様の Web サイトやメールアドレスを安心安全に管理します。

クラウド・ホスティング事業

お客様の Web サイトをお預かりするクラウド・ホスティングサービスや Web サイトを守る SSL、ブロックチェーン技術を活用した PaaS 型サービスなど、あらゆるビジネスや個人の情報発信を支える国内シェア No.1 のインフラ基盤を提供しています。長年にわたる開発・運用実績の中で育まれたノウハウと最先端技術を組み合わせることで、利便性が高く安定した環境でお客様の Web サイトをお預かりします。

アクセス事業

徹底的にミートした戦略で「価格 / スペックをどこよりも安く、早く、お得に提供」をモットーとした個人向けプロバイダーの提供を行っています。また自社ブランドの経験を生かした ISP 機能の販売をする OEM でドコモ光も扱っています。

EC 支援事業

ネットショップを誰でも簡単に開設する仕組みをご提供し、モール型の店舗参加ではなく、お客様の「本店・公式ショップ」をお手伝いしています。新しい EC のカタチとしては、CtoC のマーケットプレイスを運営し、多様化する EC のニーズにお応えしています。

暗号資産事業

暗号資産マイニング事業

金融の新たな価値としての仮想通貨を次世代型半導体チップを活用し、採掘（マイニング）しています。インターネットインフラ事業およびインターネット金融事業のノウハウを活かし、ビットコインの健全な運用、発展に貢献してまいります。

新卒年収710万プログラム

募集職種	研究開発職／ビジネス職
対象	全学部／全学科対象 ※現在は博士後期課程の方のみの募集となります 2024年4月〜2025年3月に卒業（見込み）の学生
給与	【新卒年収710万プログラム】 年収：710万円 基本給：266,000円、見込残業手当(40h)：140,875円、調整手当：184,800円 3年目以降（2027年4月〜）は調整手当の支給を廃止し、給与テーブルを再設定をします。 より上の給与テーブルで活躍していただくことを想定していますが、評価の結果によって実力に見合った下位の給与テーブルに移行していただく場合があります。
昇降給	年4回（1月／4月／7月／10月）
勤務地	東京（渋谷）
勤務時間	9:00〜18:00 / 10:00〜19:00 /11:00〜20:00 （実働8時間）
休日／休暇	■ 休日 完全週休2日制（土・日）、祝祭日 ※一部担当業務により、シフト勤務あり ■ 休暇 夏季休暇（5営業日），年末年始休暇（12/29〜1/3），年次有給休暇（初年度10日／時間単位有休取得可能），慶弔休暇，産前産後休暇，育児休業・介護休業，特別休暇（リフレッシュ休暇・病気休暇・家族看護休暇・学校行事休暇 ほか）
人財育成制度	GMOインターネットグループ合同新卒研修 GMOインターネットグループ株式会社単体新卒研修 成長研修（入社後3年間計12回）
福利厚生	シナジーカフェ、支援制度、社会保険、評価制度、社内託児所など

求める人物像	1.高度な専門技術、知識、能力を持ち、実務に反映できるSTEAM人財
	2.100年単位で続く企業グループの成長を推進し、グループ経営の将来を担う人財
	3.GMOインターネットグループが持つ「GMOイズム」を深く理解し、実践できる人財

ジョブNo.1 人財採用

募集職種	エンジニア職
対象	全学部／全学科対象 2024年4月～2025年3月に卒業（見込み）の学生
給与	【地域No.1採用】 年収：570万円 基本給：266,000円、見込残業手当（40h）：113,096円、調整手当：95,905円 ※高度な技術や優れた実績をお持ちの方で、それらを入社後の実業務において発揮できると認められる場合は、上記の給与に関わらず個別設定することがあります。
昇降給	年4回（1月／4月／7月／10月）
勤務地	北九州（小倉）
勤務時間	9:00～18:00／10:00～19:00／11:00～20:00 （実働8時間）
休日／休暇	■ 休日 完全週休2日制（土・日）、祝祭日 ※一部担当業務により、シフト勤務あり ■ 休暇 夏季休暇（5営業日），年末年始休暇（12/29～1/3），年次有給休暇（初年度10日／時間単位有休取得可能），慶弔休暇，産前産後休暇，育児休業・介護休業，特別休暇（リフレッシュ休暇・病気休暇・家族看護休暇・学校行事休暇 ほか）
人財育成制度	GMOインターネットグループ合同新卒研修 GMOインターネットグループ株式会社単体新卒研修 技術者研修（GMOテクノロジーブートキャンプ）

福利厚生	シナジーカフェ、支援制度、社会保険、評価制度、社内託児所など
求める人物像	1. 学生時代に得た専門技術や知識を駆使し、地域と一体となりインターネット産業の発展に挑戦したい人財 2. 100年単位で続く企業グループの成長を推進し、グループ経営の将来を担う人財 3. GMOインターネットグループが持つ「GMOイズム」を深く理解し、実践できる人財

地域 No.1 採用

募集職種	ビジネス職／クリエイティブ職
対象	全学部／全学科対象 2024年4月〜2025年3月に卒業（見込み）の学生
給与	【地域No.1採用】 年収：390万円（〜710万円） 基本給：266,000円、見込残業手当（30ｈ）：62,344円 ※高度な技術や優れた実績をお持ちの方で、それらを入社後の実業務において発揮できると認められる場合は、上記の給与に関わらず個別設定することがあります。
昇降給	年4回（1月／4月／7月／10月）
勤務地	宮崎
勤務時間	9:00〜18:00／10:00〜19:00／11:00〜20:00 （実働8時間）
休日／休暇	■ 休日 完全週休2日制（土・日）、祝祭日 ※一部担当業務により、シフト勤務あり ■ 休暇 夏季休暇（5営業日），年末年始休暇（12/29〜1/3），年次有給休暇（初年度10日／時間単位有休取得可能），慶弔休暇，産前産後休暇，育児休業・介護休業，特別休暇（リフレッシュ休暇・病気休暇・家族看護休暇・学校行事休暇 ほか）

人財育成制度	GMOインターネットグループ合同新卒研修 GMOインターネットグループ株式会社単体新卒研修 技術者研修（GMOテクノロジーブートキャンプ）
福利厚生	シナジーカフェ、支援制度、社会保険、評価制度、社内託児所など
求める人物像	1.学生時代に得た専門技術や知識を駆使し、地域と一体となりインターネット産業の発展に挑戦したい人財 2.100年単位で続く企業グループの成長を推進し、グループ経営の将来を担う人財 3.GMOインターネットグループが持つ「GMOイズム」を深く理解し、実践できる人財

✔ 採用の流れ （出典：東洋経済新報社「就職四季報」）

エントリーの時期	【総】3月〜継続中　【技】3〜8月
採用プロセス	【総・技】説明会（必須）→ES提出（3〜8月）→筆記→面接（3回）→内々定

採用実績数		大卒男	大卒女	修士男	修士女
	2022年	11 （文：6 理：5）	8 （文：8 理：0）	3 （文：1 理：2）	0 （文：0 理：0）
	2023年	6 （文：3 理：3）	2 （文：1 理：1）	3 （文：0 理：3）	0 （文：0 理：0）
	2024年	7 （文：4 理：3）	0 （文：0 理：0）	6 （文：0 理：6）	0 （文：0 理：0）

採用実績校	【文系】 同志社大学，早稲田大学，大阪大学

✔2023年の重要ニュース （出典：日本経済新聞）

■ GMO系、プログラミング教育サイトで生成AI活用（6/7）

　GMOメディアは、教育に関する情報サイトなどで言語生成AI（人工知能）「GPT-3」を活用したサービスの提供を開始した。AIが教室に関する口コミの投稿を要約したり、オンライン講座の販促を支援したりする。生成AIを導入することで時間や工数のストレスを削減し、ユーザーの満足度の向上を目指す。

　プログラミング教室を紹介するサイト「コエテコ byGMO」（子ども向け）と「コエテコキャンパス byGMO」（社会人向け）では、AIが教室ごとに口コミを要約して「良かった点」「気になった点」を紹介する。以前から「口コミを一つずつ確認する必要があり、スクールを選択するのに時間がかかる」といった利用者の声があった。要約機能を導入することで、総合的な評価を確認できるようになる。

　ユーザーが自由にオンライン講座を作成・販売できる「コエテコカレッジ byGMO」では、自身のスキルに関するキーワードを入力すると、AIからオンライン講座の販売手法や市場のトレンド、顧客のニーズなどに関するアドバイスを受けられる。講座を開設するハードルを下げ、開設者数や受講者の増加につなげる。

　同社はすでに問い合わせ対応などでAIの活用を進めており、将来的にはカスタマーサービスの完全無人化を目指している。「今後は意思決定や渉外などに人材を集中させていきたい」（担当者）と話す。

　GMOインターネットグループは今年から社内でChatGPTの業務活用コンテストも始めた。グループ全体で、AIを駆使することで事業の創出や業務効率化を加速させる。

■ GMOと東大医科学研、老化細胞に関する共同研究を開始（10/2）

　GMOインターネットグループは東京大学医科学研究所と、生成AI（人工知能）を活用して人間の「老化細胞」に関する共同研究を始めた。老化細胞について研究する中西真教授の研究室と連携し、マウスで成功している老化細胞の「選択的除去」を人間に応用することを目指す。

　共同研究は5年間を予定する。GMOはデータサイエンティストやエンジニアを派遣するほか、画像処理半導体（GPU）を搭載したサーバーを提供する。

　老化細胞は分裂しなくなった細胞のことで、年齢を重ねるにつれ蓄積し、老化や加齢性疾患につながるとされている。中西教授らは2021年、マウスの実験で老化細胞の除去に成功したと発表した。

人間への応用を目指すにあたり、老化細胞の特定や老化メカニズムの解明が求められる。研究には細胞に関する大量のデータ解析などが必要となるため、AI を活用することで解析の効率化を図る。

GMO は 10 年ほど前から AI 研究に取り組んできた。22 年には AI の研究開発を担っていた部門を「グループ研究開発本部」として組織化。研究内容を実践的に活用する部門として研究開発本部内に「AI 研究開発室」を発足させた。医学分野での研究は同社として今回が初めて。今後は共同研究の知見を事業に展開していくことも検討する。

■ GMO、生成 AI の文章作成に必要な指示文紹介　100 種無料（11/7）

GMO インターネットグループは 7 日、生成 AI（人工知能）による文章作成に必要なプロンプト（指示文）を紹介する新サービス「教えて .AI byGMO」を立ち上げたと発表した。社内で有用性を確認済みだったり、AI の専門家が作成したりした高品質なプロンプトを無料で閲覧できるほか、生成 AI を持っていなくても同社ウェブサイトで利用できる。

この新サービスの運営会社として、GMO 系のほか AI に知見のある IT（情報技術）企業 2 社と共同出資会社「GMO 教えて AI」（東京・渋谷）を設立した。サービス自体は無料で、広告などによる収益化を狙う。まずは利用者 10 万人を目指す。

新会社の社長に就任した内田朋宏氏は「日本語が使えて利便性の高いプロンプトのポータルサイトは従来なかった。全ての人に AI を使いこなしてもらえるよう、今後も新たな事業を展開していく」と話した。

会員登録をすれば、パソコンやスマートフォンから掲載された約 100 種類のプロンプトが自由に使える。今後掲載数を増やすほか、利用者が自分で投稿もできる。

文章生成 AI で狙った結果を出すためには、ある程度プロンプトを作り込む必要がある。このサービスなら、単語を入力するだけでメールの本文を作る、材料を入力して料理レシピを出力するなど、すでに設定済みのプロンプトを活用できる。自分の端末の文章生成 AI などにプロンプトを読み込ませることもできる。

✔ 就活生情報

> 仕事観を自分の言葉で説明できることはとても重要です

総合職 2013卒

エントリーシート

・形式：指定の用紙に手で記入
・内容：企業選びの軸や自己PR

セミナー

・筆記や面接などが同時に実施される，選考と関係のあるものだった
・服装：きれいめの服装
・内容：業界説明や面接の対策，社員の講演。面接の対策についてが独自だったと感じた。

グループディスカッション・グループワーク

・GMOのビジョンの中で，チームが一番重要だと思ったことを選ぶという内容

筆記試験

・形式：マークシート
・科目：性格テスト

面接（個人・集団）

・雰囲気：和やか
・回数：4回
・質問内容：なぜIT業界なのか，なぜGMOなのか，志望動機について

内定

・通知方法：電話

● その他受験者からのアドバイス

・自分の価値観を，面接官に納得してもらうように面接に臨む。
・分析も大事ですが，他者に伝える練習量の多さが，就職活動を成功させる最も大事なことかと思います

伝えたい事だけは必ず伝えるようにしましょう。

総合職 2010卒

エントリーシート

- 形式：履歴書のみ
- 内容： 説明会にて履歴書，アンケートを同時提出

セミナー

- 筆記や面接などが同時に実施される，選考と関係のあるものだった
- 服装：きれいめの服装
- 内容： 参加者のみGDに進める

グループディスカッション・グループワーク

- 例年通り。協調性，素直さを見る

企業研究

- ベンチャー宣言をちら見。自分の事例と絡める。

筆記試験

- 形式：マークシート
- 科目：国語，漢字／性格テスト

面接（個人・集団）

- 雰囲気：和やか
- 回数：5回
- 質問内容：GD6人→1:1（人事：学生）→2:1＆筆記→3:1→3:1→内定

内定

- 通知方法：電話

● その他受験者からのアドバイス

- 最終以外，質問形式なので話しやすい。
- よくなかった点 内定以外の通知が7～10日と長い。

✔ 有価証券報告書の読み方

01 部分的に読み解くことからスタートしよう

　「有価証券報告書（以下，有報）」という名前を聞いたことがある人も少なくはないだろう。しかし，実際に中身を見たことがある人は決して多くはないのではないだろうか。有報とは上場企業が年に1度作成する，企業内容に関する開示資料のことをいう。開示項目には決算情報や事業内容について，従業員の状況等について記載されており，誰でも自由に見ることができる。

　一般的に有報は，証券会社や銀行の職員，または投資家などがこれを読み込み，その後の戦略を立てるのに活用しているイメージだろう。その認識は間違いではないが，だからといって就活に役に立たないというわけではない。就活を有利に進める上で，お得な情報がふんだんに含まれているのだ。ではどの部分が役に立つのか，実際に解説していく。

■有価証券報告書の開示内容
　では実際に，有報の開示内容を見てみよう。

有価証券報告書の開示内容

第一部【企業情報】
　　第1　【企業の概況】
　　第2　【事業の状況】
　　第3　【設備の状況】
　　第4　【提出会社の状況】
　　第5　【経理の状況】
　　第6　【提出会社の株式事務の概要】
　　第7　【提出会社の状参考情報】
第二部【提出会社の保証会社等の情報】
　　第1　【保証会社情報】
　　第2　【保証会社以外の会社の情報】
　　第3　【指数等の情報】

有報は記載項目が統一されているため，どの会社に関しても同じ内容で書かれている。このうち就活において必要な情報が記載されているのは，第一部の第1【企業の概況】〜第5【経理の状況】まで，それ以降は無視してしまってかまわない。

02 企業の概況の注目ポイント

第1【企業の概況】には役立つ情報が満載。そんな中，最初に注目したいのは，冒頭に記載されている【主要な経営指標等の推移】の表だ。

回次		第25期	第26期	第27期	第28期	第29期
決算年月		平成24年3月	平成25年3月	平成26年3月	平成27年3月	平成28年3月
営業収益	（百万円）	2,532,173	2,671,822	2,702,916	2,756,165	2,867,199
経常利益	（百万円）	272,182	317,487	332,518	361,977	428,902
親会社株主に帰属する当期純利益	（百万円）	108,737	175,384	199,939	180,397	245,309
包括利益	（百万円）	109,304	197,739	214,632	229,292	217,419
純資産額	（百万円）	1,890,633	2,048,192	2,199,357	2,304,976	2,462,537
総資産額	（百万円）	7,060,409	7,223,204	7,428,303	7,605,690	7,789,762
1株当たり純資産額	（円）	4,738.51	5,135.76	5,529.40	5,818.19	6,232.40
1株当たり当期純利益	（円）	274.89	443.70	506.77	458.95	625.82
潜在株式調整後1株当たり当期純利益	（円）	—	—	—	—	—
自己資本比率	（％）	26.5	28.1	29.4	30.1	31.4
自己資本利益率	（％）	5.9	9.0	9.5	8.1	10.4
株価収益率	（倍）	19.0	17.4	15.0	21.0	15.5
営業活動によるキャッシュ・フロー	（百万円）	558,650	588,529	562,763	622,762	673,109
投資活動によるキャッシュ・フロー	（百万円）	△370,684	△465,951	△474,697	△476,844	△499,575
財務活動によるキャッシュ・フロー	（百万円）	△152,428	△101,151	△91,367	△86,636	△110,265
現金及び現金同等物の期末残高	（百万円）	167,525	189,262	186,057	245,170	307,809
従業員数 [ほか、臨時従業員数]	（人）	71,729 [27,746]	73,017 [27,312]	73,551 [27,736]	73,329 [27,313]	73,053 [26,147]

見慣れない単語が続くが，そう難しく考える必要はない。特に注意してほしいのが，**営業収益**，**経常利益**の二つ。営業収益とはいわゆる**総売上額**のことであり，これが企業の本業を指す。その営業収益から営業費用（営業費（販売費＋一般管理費）＋売上原価）を差し引いたものが**営業利益**となる。会社の業種はなんであれ，モノを顧客に販売した合計値が営業収益であり，その営業収益から人件費や家賃，広告宣伝費などを差し引いたものが営業利益と覚えておこう。対して経常利益は営業利益から本業以外の損益を差し引いたもの。いわゆる金利による収益や不動産収入などがこれにあたり，本業以外でその会社がどの程度の力をもっているかをはかる絶好の指標となる。

■会社のアウトラインを知れる情報が続く。

　この主要な経営指標の推移の表につづいて、「会社の沿革」、「事業の内容」、「関係会社の状況」「従業員の状況」などが記載されている。自分が試験を受ける企業のことを、より深く知っておくにこしたことはない。会社がどのように発展してきたのか、主としている事業はどのようなものがあるのか、従業員数や平均年齢はどれくらいなのか、志望動機などを作成する際に役立ててほしい。

03 事業の状況の注目ポイント

　第2となる【事業の状況】において、最重要となるのは**業績等の概要**といえる。ここでは1年間における収益の増減の理由が文章で記載されている。「○○という商品が好調に推移したため、売上高は△△になりました」といった情報が、比較的易しい文章で書かれている。もちろん、損失が出た場合に関しても包み隠さず記載してあるので、その会社の1年間の動向を知るための格好の資料となる。

　また、業績については各事業ごとに細かく別れて記載してある。例えば鉄道会社ならば、①運輸業、②駅スペース活用事業、③ショッピング・オフィス事業、④その他といった具合だ。**どのサービス・商品がどの程度の売上を出したのか**、会社の持つ展望として、今後**どの事業をより活性化**していくつもりなのか、などを意識しながら読み進めるとよいだろう。

■「対処すべき課題」と「事業等のリスク」

　業績等の概要と同様に重要となるのが、「**対処すべき課題**」と「**事業等のリスク**」の2項目といえる。ここで読み解きたいのは、その会社の**今後の伸びしろ**について。いま、会社はどのような状況にあって、どのような課題を抱えているのか。また、その課題に対して取られている対策の具体的な内容などから経営方針などを読み解くことができる。リスクに関しては法改正や安全面、他の企業の参入状況など、会社にとって決してプラスとは言えない情報もつつみ隠さず記載してある。客観的にその会社を再評価する意味でも、ぜひ目を通していただきたい。

　次代を担う就活生にとって、ここの情報はアピールポイントとして組み立てやすい。「新事業の○○の発展に際して……」、「御社が抱える●●というリスクに対して……」などという発言を面接時にできれば、面接官の心証も変わってくるはずだ。

　最後に注目したいのが，第5【経理の状況】だ。ここでは，簡単にいえば【主要な経営指標等の推移】の表をより細分化した表が多く記載されている。ここの情報をすべて理解するのは，簿記の知識がないと難しい。しかし，そういった知識があまりなくても，読み解ける情報は数多くある。例えば**損益計算書**などがそれに当たる。

連結損益計算書

（単位：百万円）

	前連結会計年度 （自　平成26年4月1日 至　平成27年3月31日）	当連結会計年度 （自　平成27年4月1日 至　平成28年3月31日）
営業収益	2,756,165	2,867,199
営業費		
運輸業等営業費及び売上原価	1,806,181	1,841,025
販売費及び一般管理費	※1 522,462	※1 538,352
営業費合計	2,328,643	2,379,378
営業利益	427,521	487,821
営業外収益		
受取利息	152	214
受取配当金	3,602	3,703
物品売却益	1,438	998
受取保険金及び配当金	8,203	10,067
持分法による投資利益	3,134	2,565
雑収入	4,326	4,067
営業外収益合計	20,858	21,616
営業外費用		
支払利息	81,961	76,332
物品売却損	350	294
雑支出	4,090	3,908
営業外費用合計	86,403	80,535
経常利益	361,977	428,902
特別利益		
固定資産売却益	※4 1,211	※5 838
工事負担金等受入額	※5 59,205	※5 24,487
投資有価証券売却益	1,269	4,473
その他	5,016	6,921
特別利益合計	66,703	36,721
特別損失		
固定資産売却損	※6 2,088	1,102
固定資産除却損	※7 3,957	※7 5,105
工事負担金等圧縮額	※8 54,253	※8 18,346
減損損失	※9 12,738	※9 12,297
耐震補強重点対策関連費用	8,906	10,288
災害損失引当金繰入額	1,306	25,085
その他	30,128	8,537
特別損失合計	113,379	80,763
税金等調整前当期純利益	315,300	384,860
法人税，住民税及び事業税	107,540	128,972
法人税等調整額	26,202	9,326
法人税等合計	133,742	138,298
当期純利益	181,558	246,561
非支配株主に帰属する当期純利益	1,160	1,251
親会社株主に帰属する当期純利益	180,397	245,309

　主要な経営指標等の推移で記載されていた**経常利益**の算出する上で必要な営業外収益などについて，詳細に記載されているので，一度目を通しておこう。
　いよいよ次ページからは実際の有報が記載されている。ここで得た情報をもとに有報を確実に読み解き，就職活動を有利に進めよう。

✔ 有価証券報告書

■ 企業の概況

1 主要な経営指標等の推移

（1） 連結経営指標等 ···

回次		第28期	第29期	第30期	第31期	第32期
決算年月		2018年12月	2019年12月	2020年12月	2021年12月	2022年12月
売上高	（百万円）	185,177	196,171	210,559	241,612	245,696
経常利益	（百万円）	19,135	24,506	27,136	43,393	46,025
親会社株主に帰属する当期純利益又は親会社株主に帰属する当期純損失（△）	（百万円）	△20,707	8,337	10,284	17,527	13,209
包括利益	（百万円）	△12,525	16,686	17,491	32,008	42,783
純資産額	（百万円）	96,421	102,269	100,114	140,402	154,688
総資産額	（百万円）	752,454	871,214	1,070,544	1,418,936	1,542,740
1株当たり純資産額	（円）	455.48	474.95	465.94	670.99	676.28
1株当たり当期純利益金額又は当期純損失金額（△）	（円）	△179.92	73.16	93.00	159.69	123.21
潜在株式調整後1株当たり当期純利益金額	（円）	－	72.08	91.75	158.48	121.58
自己資本比率	（％）	7.0	6.2	4.8	5.2	4.7
自己資本利益率	（％）	△43.1	15.7	19.6	28.2	18.1
株価収益率	（倍）	△8.2	28.4	31.8	17.0	20.0
営業活動によるキャッシュ・フロー	（百万円）	13,127	7,502	38,277	△23,783	25,641
投資活動によるキャッシュ・フロー	（百万円）	△29,899	△21,617	△15,995	△51,765	△2,828
財務活動によるキャッシュ・フロー	（百万円）	43,960	30,323	37,518	89,889	62,442
現金及び現金同等物の期末残高	（百万円）	143,650	159,715	218,676	234,041	322,229
従業員数（外、平均臨時雇用者数）	（名）	4,975 (445)	5,238 (370)	5,225 (436)	5,758 (601)	6,159 (729)

（注）1 第28期の潜在株式調整後1株当たり当期純利益金額については，潜在株式は存在するものの，1株当たり当期純損失であるため記載しておりません。

2 当連結会計年度より売上高に係る表示方法の変更を行っております。第31期の連結経営指標等についても当該表示方法の変更を反映した組替後の値を記載しております。なお，表示方法の変更の

(point) 主要な経営指標等の推移

数年分の経営指標の推移がコンパクトにまとめられている。見るべき箇所は連結の売上，利益，株主資本比率の3つ。売上と利益は順調に右肩上がりに伸びているか，逆に利益で赤字が続いていたりしないかをチェックする。株主資本比率が高いとリーマンショックなど景気が悪化したときなどでも経営が傾かないという安心感がある。

内容については，「第5経理の状況1連結財務諸表等（1）連結財務諸表注記事項（表示方法の変更）」をご参照下さい。
3. 「収益認識に関する会計基準」（企業会計基準第29号2020年3月31日）等を当連結会計年度の期首から適用しており，当連結会計年度に係る主要な経営指標等については，当該会計基準等を適用した後の指標等となっております。

（2）　提出会社の経営指標等

回次		第28期	第29期	第30期	第31期	第32期
決算年月		2018年12月	2019年12月	2020年12月	2021年12月	2022年12月
売上高	（百万円）	47,761	56,021	64,251	67,038	63,007
経常利益	（百万円）	6,338	6,459	7,207	14,681	15,669
当期純利益	（百万円）	12,658	4,592	7,040	11,828	6,001
資本金	（百万円）	5,000	5,000	5,000	5,000	5,000
発行済株式総数	（株）	115,096,887	113,242,987	113,242,987	111,893,046	110,704,401
純資産額	（百万円）	27,402	25,328	20,184	29,870	20,613
総資産額	（百万円）	76,245	72,911	111,893	165,115	220,777
1株当たり純資産額	（円）	238.08	223.66	184.75	272.51	193.14
1株当たり配当額	（円）	29.50	24.20	30.80	52.70	47.60
（第1四半期）	（円）	(6.00)	(6.00)	(6.60)	(17.10)	(19.60)
（第2四半期）	（円）	(6.20)	(6.00)	(6.20)	(12.20)	(28.00)
（第3四半期）	（円）	(5.50)	(7.20)	(7.40)	(10.80)	(0.00)
（期末）	（円）	(11.80)	(5.00)	(10.60)	(12.60)	(0.00)
1株当たり当期純利益金額	（円）	109.98	40.30	63.66	107.77	55.98
潜在株式調整後1株当たり当期純利益金額	（円）	—	—	—	—	—
自己資本比率	（％）	35.9	34.7	18.0	18.1	9.3
自己資本利益率	（％）	56.5	17.4	30.9	47.3	23.8
株価収益率	（倍）	13.37	51.48	46.51	25.19	44.05
配当性向	（％）	26.8	60.0	48.4	48.9	85.0
従業員数（外，平均臨時雇用者数）	（名）	690 (60)	715 (34)	721 (67)	752 (144)	764 (159)
株主総利回り（比較指標：配当込みTOPIX）	（％）（％）	78.3 (84.0)	111.0 (99.2)	158.9 (106.6)	148.8 (120.2)	138.3 (117.2)
最高株価	（円）	3,030	2,333	3,260	3,760	2,969
最低株価	（円）	1,220	1,329	1,453	2,645	2,105

（注）1　潜在株式調整後1株当たり当期純利益金額については，希薄化効果を有している潜在株式が存在しないため記載しておりません。

2. 当事業年度より売上高に係る表示方法の変更を行っております。第31期の経営指標等についても当該表示方法の変更を反映した組替後の値を記載しております。なお，表示方法の変更の内容については，「第5経理の状況2財務諸表等（1）財務諸表注記事項（表示方法の変更）」をご参照下さい。

3. 最高株価及び最低株価は，2022年4月3日以前は東京証券取引所市場第一部におけるものであり，2022年4月4日以降は東京証券取引所プライム市場におけるものであります。

4. 「収益認識に関する会計基準」（企業会計基準第29号2020年3月31日）等を当事業年度の期首から適用しており，当事業年度に係る主要な経営指標等については，当該会計基準等を適用した後の指標等となっております。

2　沿革

年月	沿革
1991年5月	・「双方向通信事業の企画・開発及び同機器の開発・販売」を目的として，株式会社ボイスメディア（実質上の存続会社であるインターキュー株式会社の旧商号）を東京都世田谷区下馬に設立
1994年2月	・本店を東京都港区南青山に移転
1995年11月	・商号を「インターキュー株式会社」に変更
1995年12月	・アクセス事業を開始
1997年11月	・サーバー事業を開始
1997年11月	・本店を東京都渋谷区桜丘町に移転
1998年1月	・株式の額面金額を1株50,000円から1株500円に変更するため形式上の存続会社株式会社アルティマックス（東京都渋谷区所在）と1月1日を期日として合併
1999年8月	・当社株式がジャスダック市場に上場（証券コード9449）
1999年9月	・ドメイン事業を開始 ・国内最大のメガメールマガジン配信サイト「まぐまぐ」で発行されるメールマガジンへのメール広告配信サービスを行う当社連結子会社の株式会社まぐクリックを設立（現GMOアドパートナーズ株式会社），ネットメディア事業へ進出
2000年9月	・当社の連結子会社の株式会社まぐクリック（現GMOアドパートナーズ株式会社）が大阪証券取引所のナスダック・ジャパン市場に上場（証券コード4784）
2001年4月	・商号を「グローバルメディアオンライン株式会社」に変更
2001年5月	・当社連結子会社の株式会社アイル（現GMOグローバルサイン・ホールディングス株式会社）を株式交換により完全子会社化し，サーバー事業の強化を図る

2003年5月	・当社の連結子会社の株式会社アイル（現GMOグローバルサイン・ホールディングス株式会社）が商号を「GMOホスティングアンドテクノロジーズ株式会社」に変更
2004年2月	・当社株式が東京証券取引所市場第二部に上場（証券コード9449）
2004年3月	・当社連結子会社の株式会社 paperboy&co.（現GMOペパボ株式会社）へ，インターネットインフラ関連事業の拡充を図るため，資本参加
2004年9月	・決済事業の拡充を図る株式会社カードコマースサービス（現GMOペイメントゲートウェイ株式会社）を子会社化
2005年2月	・当社連結子会社の株式会社カードコマースサービス（現GMOペイメントゲートウェイ株式会社）が商号を「GMOペイメントゲートウェイ株式会社」に変更
2005年4月	・当社連結子会社のGMOペイメントゲートウェイ株式会社が東京証券取引所マザーズ市場に上場（証券コード3769）
2005年6月	・当社株式が東京証券取引所市場第一部に上場（証券コード9449） ・商号を「GMOインターネット株式会社」に変更
2005年9月	・当社連結子会社であるGMOホスティングアンドテクノロジーズ株式会社（現GMOグローバルサイン・ホールディングス株式会社）が商号を「GMOホスティング&セキュリティ株式会社」に変更
2005年10月	・GMOインターネット証券株式会社（現GMOクリック証券株式会社）を設立。インターネット証券事業へ参入
2005年12月	・当社連結子会社のGMOホスティング&セキュリティ株式会社（現GMOグローバルサイン・ホールディングス株式会社）が東京証券取引所マザーズ市場に上場（証券コード3788）
2006年3月	・当社株式の大規模買付行為に関する対応方針（買収防衛策）を採用
2006年4月	・米国預託証券（ADR）プログラム LEVEL-1を設立
2007年8月	・保有するGMOインターネット証券株式会社（現GMOクリック証券株式会社）株式の全てを売却し，インターネット証券事業から完全撤退
2008年7月	・当社連結子会社の株式会社まぐクリック（現GMOアドパートナーズ株式会社）が商号を「GMOアドパートナーズ株式会社」に変更
2008年9月	・当社連結子会社のGMOペイメントゲートウェイ株式会社が東京証券取引所市場第一部に市場変更（証券コード3769）
2008年12月	・当社連結子会社の株式会社 paperboy&co.（現GMOペパボ株式会社）がジャスダック証券取引所に上場（証券コード3633）
2010年9月	・インターネット証券事業への再参入を図り，クリック証券株式会社（現GMOクリック証券株式会社）の株式を取得して子会社化

(point) 沿革

どのように創業したかという経緯から現在までの会社の歴史を年表で知ることができる。過去に行った重要な M& A などがいつ行われたのか，ブランド名はいつから使われているのか，いつ頃から海外進出を始めたのか，など確認することができて便利だ。

2011年4月	・当社連結子会社のGMOホスティング&セキュリティ株式会社（現GMOグローバルサイン・ホールディングス株式会社）が商号を「GMOクラウド株式会社」に変更 ・当社連結子会社のクリック証券株式会社（現GMOクリック証券株式会社）が商号を「GMOクリック証券株式会社」に変更
2012年9月	・インターネット証券事業の強化を図り，FXプライム株式会社（現株式会社FXプライム byGMO）の株式を取得して子会社化
2013年11月	・PC向けオンラインゲーム事業を展開する株式会社ゲームポットの株式を取得して子会社化
2014年3月	・当社連結子会社の株式会社paperboy&co.（現GMOペパボ株式会社）が商号を「GMOペパボ株式会社」に変更
2014年10月	・当社連結子会社のGMOクラウド株式会社（現GMOグローバルサイン・ホールディングス株式会社）が東京証券取引所市場第一部に市場変更（証券コード3788）
2014年10月	・当社連結子会社のGMOリサーチ株式会社が東京証券取引所市場マザーズに上場（証券コード3695）
2014年12月	・当社連結子会社のGMO TECH株式会社が東京証券取引所市場マザーズに上場（証券コード6026）
2015年4月	・当社連結子会社のGMOクリックホールディングス株式会社（現GMOフィナンシャルホールディングス株式会社）が東京証券取引所 JASDAQ市場に上場（証券コード7177）
2015年10月	・当社連結子会社のGMOメディア株式会社が東京証券取引所市場マザーズに上場（証券コード6180）
2016年5月	・株式会社あおぞら銀行およびあおぞら信託銀行株式会社（現GMOあおぞらネット銀行株式会社）とインターネット銀行の共同運営に関する合意書締結
2016年6月	・あおぞら信託銀行株式会社（現GMOあおぞらネット銀行株式会社）の株式を取得し持分法適用関連会社化
2017年9月	・GMO-Z.comコイン株式会社（現GMOコイン株式会社）が商号を「GMOコイン株式会社」へ変更し，暗号資産交換事業を開始
2017年10月	・当社連結子会社のGMOクリックホールディングス株式会社（現GMOフィナンシャルホールディングス株式会社）が商号を「GMOフィナンシャルホールディングス株式会社」に変更
2017年12月	・暗号資産マイニング事業を開始 ・当社連結子会社のGMOゲームポット株式会社，GMOゲームセンター株式会社及びシンクラウド株式会社の3社を吸収合併
2018年6月	・あおぞら信託銀行株式会社（現GMOあおぞらネット銀行株式会社）が商号を「GMOあおぞらネット銀行株式会社」に変更
2018年7月	・GMOあおぞらネット銀行株式会社が，インターネット銀行事業を開始

2019年12月	・当社連結子会社のGMOペパボ株式会社が東京証券取引所市場第二部に市場変更（証券コード3633）
2020年7月	・当社連結子会社のGMOフィナンシャルゲート株式会社が東京証券取引所市場マザーズに上場（証券コード4051）
2020年9月	・当社連結子会社のGMOクラウド株式会社が商号を「GMOグローバルサイン・ホールディングス株式会社」に変更
2020年12月	・当社連結子会社のGMOペパボ株式会社が東京証券取引所市場第一部に市場変更（証券コード3633）
2021年3月	・暗号資産決済事業において，ステーブルコイン「GYEN」，「ZUSD」の提供を開始
2021年9月	・インターネット金融事業の強化を図り，ワイジェイFX株式会社（現外貨exbyGMO株式会社）の株式を取得して子会社化
2022年2月	・サイバーセキュリティ事業への参入のため，株式会社イエラエセキュリティ（現GMOサイバーセキュリティ byイエラエ株式会社）の株式を取得して子会社化
2022年4月	・東京証券取引所の市場区分の見直しにより市場第一部からプライム市場へ移行
2022年4月	・東京証券取引所の市場区分の見直しにより以下の当社連結子会社各社が，各市場へ移行 プライム市場 GMOペイメントゲートウェイ株式会社（証券コード3769） GMOグローバルサイン・ホールディングス株式会社（証券コード3788） GMOペパボ株式会社（証券コード3633） スタンダード市場 GMOフィナンシャルホールディングス株式会社（証券コード7177） GMOアドパートナーズ株式会社（証券コード4784） グロース市場 GMOリサーチ株式会社（証券コード3695） GMOTECH株式会社（証券コード6026） GMOメディア株式会社（証券コード6180） GMOフィナンシャルゲート株式会社（証券コード4051）
2022年9月	・商号を「GMOインターネットグループ株式会社」に変更

3 事業の内容

　当社グループは，当社と連結子会社109社によって企業集団を構成しております。各事業における事業内容およびグループ会社の位置付けは，次のとおりです。

(point) 事業の内容

　会社の事業がどのようにセグメント分けされているか，そして各セグメントではどのようなビジネスを行っているかなどの説明がある。また最後に事業の系統図が載せてあり，本社，取引先，国内外子会社の製品・サービスや部品の流れが分かる。ただセグメントが多いコングロマリットをすぐに理解するのは簡単ではない。

事業区分		主要業務
インターネットインフラ事業	ドメイン事業	・「.shop」、「.tokyo」などのドメインを管理するレジストリ事業 ・『お名前.com』、『ムームードメイン』、『VALUE-DOMAIN』で展開するレジストラ事業
	クラウド・ホスティング事業	・『お名前.comレンタルサーバー』、『ConoHa by GMO』、『Z.com Cloud』、『GMOクラウドVPS』、『GMOクラウドALTUS』、『GMOクラウド Private』、『ロリポップ！』、『heteml』、『30days Album』などで展開する共用サーバー、VPS、専用サーバー、クラウドの提供・運用・管理・保守を行うホスティングサービス
	EC支援事業	・『カラーミーショップ』、『MakeShop』で展開するネットショップ構築のECプラットフォームの運営 ・CtoCハンドメイドマーケット『minne』の運営 ・オリジナルグッズ作成・販売サービス『SUZURI』、『canvath』の運営 ・フリーランス向けファクタリングサービス『FREENANCE』の運営 ・EC事業者・O2O事業者向け支援サービスなど ・飲食店向けの予約管理サービス『OMAKASE』の運営 ・Web制作・運営支援・システムコンサルティングサービスなど
	セキュリティ事業	・『クイック認証ESSL』、『企業認証ESSL』などのSSLサーバー証明書、『コードサイニング証明書』、『PDF文書署名用証明書』、『クライアント証明書』などの電子証明書発行サービス ・電子契約サービス『電子印鑑GMOサイン』 ・WEB・スマートフォンアプリの脆弱性診断、ペネトレーションテスト、セキュリティ事故対応などのサイバーセキュリティサービス ・ブランド脅威対策、模倣品の検知・削除、商標管理システムの提供、ドメインネームの取得・管理などを行うブランドセキュリティサービス
	決済事業	・通販・EC事業者向け『PGマルチペイメントサービス』、公金・公共料金等の『自治体・公共機関向けクレジットカード決済サービス』などの総合的な決済関連サービス及び『早期入金サービス』、『トランザクションレンディング』、『即給 byGMO』、『GMO 後払い』などの金融関連サービス
	アクセス事業	・『GMOとくとくBB』などのインターネット接続サービス
インターネット広告・メディア事業	インターネット広告事業	・リスティング広告、モバイル広告、アドネットワーク広告、リワード広告、アフィリエイト広告などの総合的なインターネット広告サービス ・企画広告制作サービス
	インターネットメディア事業	・10代女子向けコミュニティサイト『prican』、プログラミング教育ポータル『コエテコ』、ポイントサイト『ポイントタウン』、ゲームプラットフォーム『ゲソてん』、共同購入型クーポンサイト『くまポン』、美容医療のチケット購入サイト『キレイパス』、はたらく女性向け生活情報サイト『michill』などのインターネットメディアの運営及び自社メディアへの広告配信 ・SEMメディア事業 　SEOの販売
	インターネットリサーチ・その他事業	・インターネットリサーチシステムの提供・リサーチパネルの管理・運営『GMOリサーチ・クラウド・パネル』など
インターネット金融事業	インターネット金融事業	・オンライン証券取引、外国為替証拠金取引（FX）、CFD取引などの運営
暗号資産事業	暗号資産交換事業	・暗号資産の現物取引・レバレッジ取引の提供など
	暗号資産マイニング事業	・マイニングセンターの運営
	暗号資産決済事業	・ステーブルコイン『GYEN』『ZUSD』の提供
インキュベーション事業	ベンチャーキャピタル事業	・インターネット関連企業を中心とした未上場会社への投資事業

[事業系統図] 事業の系統図は以下のとおりになります。

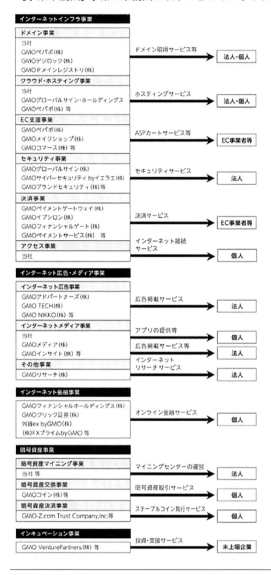

(point) 関係会社の状況

主に子会社のリストであり，事業内容や親会社との関係についての説明がされている。
特に製造業の場合などは子会社の数が多く，すべてを把握することは難しいが，重要
な役割を担っている子会社も多くある。有報の他の項目では一度も触れられていない
場合が多いので，気になる会社については個別に調べておくことが望ましい。

4 関係会社の状況

名称	脚注	住所	資本金又は出資金（百万円）	主な事業の内容	議決権の所有 所有割合	被所有割合	関係内容
（連結子会社）							
GMOグローバルサイン・ホールディングス株式会社	3、4	東京都渋谷区	916	インターネットインフラ事業	51.8%	―	役員の兼任
GMO GlobalSign Pte,Ltd.	3	シンガポール共和国	8,940（千シンガポールドル）	インターネットインフラ事業	100.0%（100.0%）	―	―
GMOペイメントゲートウェイ株式会社	3、4、5、7	東京都渋谷区	13,323	インターネットインフラ事業	40.7%	―	役員の兼任事務所の賃貸借
GMO-Z.com PAYMENT GATEWAY PTE,LTD.	3	シンガポール共和国	76,489（千シンガポールドル）	インターネットインフラ事業	100.0%（100.0%）	―	役員の兼任
GMOフィナンシャルゲート株式会社	3、4	東京都渋谷区	1,617	インターネットインフラ事業	57.2%（57.2%）	―	―
GMOペパボ株式会社	4	東京都渋谷区	262	インターネットインフラ事業	59.6%（2.0%）	―	役員の兼任
GMOアドパートナーズ株式会社	3、4	東京都渋谷区	1,301	インターネット広告・メディア事業	57.3%（47.6%）	―	役員の兼任事務所の賃貸借
GMOメディア株式会社	3、4	東京都渋谷区	761	インターネット広告・メディア事業	66.0%	―	―
GMO TECH株式会社	4	東京都渋谷区	100	インターネット広告・メディア事業	54.1%	―	増資の引受役員の兼任
GMOリサーチ株式会社	4	東京都渋谷区	299	インターネット広告・メディア事業	54.6%	―	役員の兼任
GMO VenturePartners3投資事業有限責任組合	3、6	東京都渋谷区	1,250	インキュベーション事業	40.0%（33.6%）	―	―
GMO Global Payment Fund投資事業組合	3、6	東京都渋谷区	2,005	インキュベーション事業	25.2%（25.2%）	―	―
GMO VenturePartners4投資事業有限責任組合	3、6	東京都渋谷区	4,540	インキュベーション事業	33.0%（30.8%）	―	―
GMO GFF投資事業有限責任組合	3、6	東京都渋谷区	5,899	インキュベーション事業	49.4%（49.4%）	―	―
GMO Fintech Fund 7 LP	3、6	東京都渋谷区	3,332	インキュベーション事業	42.1%（34.6%）	―	―
GMOフィナンシャルホールディングス株式会社	3、4	東京都渋谷区	705	インターネット金融事業	65.3%	―	役員の兼任事務所の賃貸借
GMOクリック証券株式会社	3、8	東京都渋谷区	4,346	インターネット金融事業	100.0%（100.0%）	―	―
GMO-Z.com Securities (Thailand) Public Company Limited	3	タイ王国バンコク	2,880（百万タイバーツ）	インターネット金融事業	99.9%（99.9%）	―	―
GMOコイン株式会社	3	東京都渋谷区	1,100	暗号資産事業	95.3%（74.4%）	―	資金援助
GMO-Z.com Delaware LLC.	3	米国デラウェア州	15,004（千米ドル）	暗号資産事業	100.0%	―	資金援助
GMO-Z.com Trust Company,Inc.	3	米国ニューヨーク州	5,000（千米ドル）	暗号資産事業	100.0%（100.0%）	―	―
その他88社	―	―	―	―	―	―	―
（持分法適用関連会社）							
3社		―	―	―	―	―	―

(注) 1. 主要な事業の内容欄には，セグメントの名称を記載しております。

2. 「議決権の所有（被所有）割合」の欄の（内書）は間接所有であります。

3. 特定子会社に該当しております。

4. 有価証券報告書の提出会社であります。

5. 議決権の所有割合は，100分の50以下でありますが，実質的に支配しているため子会社としております。

6. 議決権の所有割合又は被所有割合には，投資事業有限責任組合等に対する出資割合を記載しております。

7. GMOペイメントゲートウェイ株式会社については売上高（連結会社相互間の内部取引を除く）の連結売上高に占める割合が100分の10を超えておりますが，有価証券報告書の提出会社であるため，主要な損益情報等の記載を省略しております。

8. GMOクリック証券株式会社については売上高（連結会社相互間の内部取引を除く）の連結売上高に占める割合が100分の10を超えております。
　　主要な損益情報等（連結相互間の内部取引・債権債務相殺前）の内容は以下のとおりであります。
（1）　売上高　　　　　　　25,548百万円
（2）　経常利益　　　　　　12,144百万円
（3）　当期純利益　　　　　 8,480百万円
（4）　純資産額　　　　　　33,637百万円
（5）　総資産額　　　　　 652,286百万円

5　従業員の状況

（1）　連結会社の状況

2022年12月31日現在

セグメントの名称	従業員数（名）
インターネットインフラ事業	4,005　(527)
インターネット広告・メディア事業	1,176　(110)
インターネット金融事業	427　(42)
暗号資産事業	114　(6)
インキュベーション事業	8　(-)
その他事業	101　(23)
共通	328　(21)
合計	6,159　(729)

（注）1. 従業員数は就業人員であります。
　　　2. 従業員数の（外書）は，臨時従業員の平均雇用人員であります。

（2） 提出会社の状況 ···

従業員数(名)	平均年齢(歳)	平均勤続年数(年)	平均年間給与(千円)
764 (159)	35.5	5.5	6,601

セグメントの名称	従業員数(名)
インターネットインフラ事業	489 (145)
インターネット広告・メディア事業	42　(1)
その他事業	－　(－)
共通	233　(13)
合計	764 (159)

(注) 1　従業員数は就業人員であります。
　　 2.　平均年間給与は，賞与及び基準外賃金を含んでおります。
　　 3.　従業員数の (外書) は，臨時従業員の平均雇用人員であります。

（3） 労働組合の状況 ···

　労働組合は結成されておりません。労使関係は円満に推移しております。

■ 事業の状況

1 経営方針，経営環境及び対処すべき課題等

（1） 経営方針 ···

　当社グループは，「すべての人にインターネット」というコーポレートキャッチのもと，インターネットのインフラ・サービスインフラすなわちインターネットの "場" の提供に経営資源を集中し，「日本を代表する総合インターネットグループ」として，インターネットを豊かに楽しくし，新たなインターネットの文化・産業とお客様の「笑顔」「感動」を創造し，社会と人々に貢献すべく事業活動を行なっています。

（2） 優先的に対処すべき課題 ···································

1．全社戦略 ···

① **グループシナジーの追求**

　当社グループは，当社含む連結110社（うち5組合）で企業集団を構成する総合インターネット企業グループです。環境変化の激しいインターネット市場において，「権限の分散」によるスピード経営を実践するとともに，当社グループの創業の精神である「スピリットベンチャー宣言」を含む「GMOイズム」の共有，グループシナジーの創出などを通じ，当社グループのもつ経営資源の効率的な活用を目指してまいります。

② **グローバル展開の推進**

　当社グループでは，ドメイン事業における「.shop」，セキュリティ事業におけるSSLサーバー証明書などが本格的な海外展開を果たしております。今後さらに成長性の高い海外市場を取り込むために，海外市場においても「総合インターネットグループ」としての地位を確立することが重要となります。この点，希少性の高い一文字ドメイン「Z.com」をグループ統一ブランドとして活用することで，インターネットインフラ事業，インターネット金融事業，暗号資産事業の海外展開を加速し，海外市場における事業基盤の確立を目指してまいります。

　なお，新型コロナウイルスの感染拡大による当社グループの事業への影響につ

いては，「2事業等のリスク」の項目に記載をしております。

2. 事業戦略 ·······

① インターネットインフラ事業

　当該セグメントにおいては，顧客ニーズを捉えた商材・サービスを提供するため，開発体制を内製化し，個人・法人・地方公共団体など，お客さまがインターネット上で情報発信・経済活動を行なうための基盤となるサービスを，ワンストップで提供しております。その大半がストック型の商材であり，当社グループの強固な収益基盤となっております。引き続き，顧客ニーズを捉えたサービスの開発に取り組むとともに，ファクタリング・レンディングなどの金融サービス，サイバーセキュリティサービスの付加，運用・サポート体制の拡充などを通じて，顧客満足度の向上を目指します。

② インターネット広告・メディア事業

　当該セグメントにおいては，市場環境の変化に対応すべく，アドテクノロジー分野の強化，自社商材・自社メディアの強化に努めております。今後も引き続き，テクノロジーシフトを加速し，スマートフォン向け広告，アプリ開発に注力し，「No.1商材」の強化・育成を進めてまいります。

③ インターネット金融事業

　当該セグメントにおいては，システムの開発，保守，運用を内製化することでコスト優位性を実現しています。コストリーダーシップ戦略のもと，顧客基盤の拡大に取り組んでおり，主力商材であるFXにおいては，前期に連結子会社化した「外貨ex byGMO」とのシナジー創出に取り組んでまいります。また，CFDがFXに次ぐ第二の主力商材として台頭しております。引き続き，取引ツールの強化，取引コスト低減を通じ顧客利便性の向上を目指してまいります。

④ 暗号資産事業

　当該セグメントにおいては，マイニング，交換，決済の領域で事業を展開しております。まず，マイニングについては，自社でマイニングセンターの運営を行なっており，既存アセットを活用した投資回収を継続してまいります。次に，交換（主にGMOコインで展開する暗号資産交換事業）については，金融事業で培った技

(point) 従業員の状況

　　主力セグメントや，これまで会社を支えてきたセグメントの人数が多い傾向があるのは当然のことだろう。上場している大企業であれば平均年齢は40歳前後だ。また労働組合の状況にページが割かれている場合がある。その情報を載せている背景として，労働組合の力が強く，人数を削減しにくい企業体質だということを意味している。

術力・ノウハウを活用することで，暗号資産の交換所・取引所を展開し，国内No.1を目指します。最後に決済については，ステーブルコイン（GYEN・ZUSD）の発行に関する許認可を米国金融当局から2020年12月に獲得しており，取扱高拡大に向け，海外暗号資産取引所との提携を継続してまいります。

3. 技術開発

　インターネット関連技術は，技術の進歩が著しく，競争の激しい分野であり，技術優位性をもって先見的・コスト優位性のあるサービスを継続的に創り出すことが重要な経営課題と捉えています。この点，技術力の源泉は，サービスを創り出すエンジニア・クリエイター・ディレクターであり，当社グループは，エンジニア・クリエイター・ディレクターを「グループの宝」・「人財」として尊重する組織・制度作りに積極的に取り組むことで，その採用・育成に引き続き注力します。なお，エンジニア・クリエイター比率の目標値は60.0％，当期末の値は49.6％となっております。

4. 健康経営

　GMOインターネットグループは，スピリットベンチャー宣言において「企業はパートナー・株主・お客さま，かかわるすべてのステークホルダーが幸せになるための道具である」と考え，「健康・精神・教養の基礎レベル，社会生活・家庭生活の実現レベル，経済の結果レベル，すべてのエリアでバランスが取れた全人を目指そう。」と謳っております。すなわち，パートナーが心身ともに「健康」であることが，ステークホルダーの「幸せ」の実現には欠かせません。私たちは，パートナーの健康維持・増進に取り組む健康経営を推進することで，100年単位で続く企業グループを目指してまいります。具体的には，生活習慣病の早期発見，早期治療のため，健康保険組合と連携し特定保健指導実施の強化をしているほか，プレゼンティーイズム（疾病就業）に着目した定期的なチェックを実施し，測定データの分析を行っています。2022年12月までに従業員とその家族，その他関係者を対象に実施した新型コロナウイルスワクチンの職域接種では，接種に関する地域の負担軽減と接種の加速を図ろうとする政府の要請にも応じました。（総

(point) 業績等の概要

　この項目では今期の売上や営業利益などの業績がどうだったのか，収益が伸びたあるいは減少した理由は何か，そして伸ばすためにどんなことを行ったかということがセグメントごとに分かる。現在，会社がどのようなビジネスを行っているのか最も分かりやすい箇所だと言える。

接種実績：約45,000回）

(3) 株式会社の支配に関する基本方針 ···

① 当社の財務及び事業の方針の決定を支配する者の在り方に関する基本方針

　当社は，上場会社であり当社株式は自由に売買できるものである以上，当社株式に対する大規模な買付行為を一概に否定するものではなく，当該買付行為を受け入れるか否かの判断は，最終的には，当社株式を保有する株主の皆様の自由な意思によってなされるべきものと考えております。

　しかしながら，近年，わが国の資本市場においては，対象となる企業の経営陣との協議や合意のプロセスを経ることなく，一方的に大規模な買付行為が実施される可能性も否定できません。

　このような一方的且つ大規模な買付行為の中には，株主の皆様に対して当該買付行為に関する十分な情報が提供されず株主の皆様に株式の売却を事実上強要するおそれがあるものや，株主の皆様が当該買付行為の条件・方法等について検討し，また，当社の取締役会が，これを評価・検討して取締役会としての意見を取りまとめて公表するための十分な時間を確保しないもの，その他真摯に合理的な経営を行う意思が認められないなど当社の企業価値・株主の皆様の共同の利益を著しく損なう買付行為もあり得るところです。

　当社グループは，インターネットインフラ事業，インターネット広告・メディア事業，インターネット金融事業，暗号資産事業，インキュベーション事業を中心として，総合的なインターネットサービスを提供しており，これらの事業はそれぞれが独立したものではなく，相互に有機的に一体として機能することによって相乗効果が生じ，より高い企業価値を創造していると考えております。

　また，インターネット関連技術は技術革新の進歩が極めて速く，それに応じた業界標準及び顧客ニーズも急速に変化しております。したがって，当社の経営は，上記のような事業特性及びインターネットサービスに関する高度な専門知識を前提とした経営のノウハウ，並びに，技術革新に対応するための優れた技術，能力を有する従業員，有機的一体的企業結合体の中で各事業を担うグループ会社，取引先及び顧客等のステークホルダーとの間に築かれた関係等への理解が不可欠で

あると考えております。

　このような当社の事業に対する理解なくして当社の企業価値の把握は困難であ
り，株主の皆様が大規模な買付行為を評価するに際しても，当該買付行為の買付
者から提供された情報だけではなく，当社の事業特性等を十分に理解している当
社取締役会の当該買付行為に対する評価・意見等が適切に提供されることが極め
て重要であると考えております。

　以上の考え方に基づき，当社取締役会といたしましては，上記のような当社の
企業価値・株主の皆様の共同の利益を著しく損なうおそれのある大規模な買付行
為を行う者は，当社の財務及び事業の方針の決定を支配する者として不適切であ
ると考えております。

② **当社の財産の有効な活用，適切な企業集団の形成その他の会社支配に関する
基本方針の実現に資する特別な取組み**

　当社は上記 ①記載の基本方針（以下，「基本方針」といいます。）の実現に資す
る特別な取組みとして，以下の取組みを行っております。

　当社は，『すべての人にインターネット』をコーポレートフィロソフィーキャッ
チに，たゆまぬベンチャー精神のもと，『インターネットの文化・産業とお客様の
笑顔・感動を創造し，社会と人々に貢献する』を企業理念として掲げております。

　当社はこの企業理念を具現化するため，すなわち，お客様の笑顔・感動を創造
するため，最高のサービスをより多くのお客様に提供することに注力いたしてお
ります。

　当社グループでは，ドメイン，レンタルサーバーや決済，セキュリティなど数
多くの事業（サービス）においてナンバーワンの実績をあげており，そのお客様の
多様なニーズ，特にインターネットビジネスに取り組むお客様が求める，導入か
ら活用そして集客までを当社グループで一貫して完結できる基盤が整っておりま
す。これらの事業を有機的に結合し，相乗効果を最大化させる取組みにより企業
価値・株主の皆様の共同の利益の向上を目指しております。

③ **基本方針に照らして不適切な者によって当社の財産及び事業の方針の決定が
支配されることを防止するための取組み**

　当社は，基本方針に照らして不適切な者によって当社の財産及び事業の方針の

決定が支配されることを防止するための取組みとして，特定株主グループの議決権割合を20％以上とすることを目的とする当社株券等の買付行為，又は結果として特定株主グループの議決権割合が20％以上となる当社株券等の買付行為（いずれについてもあらかじめ当社取締役会が同意したものを除き，また市場取引，公開買付等の具体的な買付方法の如何を問いません。）が行われる場合には，大規模買付ルールの遵守を求め，大規模買付者が大規模買付ルールを遵守しない場合，又は，大規模買付ルールを遵守した場合であっても，大規模買付行為が当社株主の皆様の共同の利益及び当社の企業価値を著しく損なうと認められる場合につき対抗措置を発動することがあること等を定めております。

当社は，2006年3月13日開催の当社取締役会において，当社株式の大規模買付行為に関する対応方針を決定し，その後，毎年の当社定時株主総会の後最初に開催される当社取締役会の決定により，対応方針を継続して参りました。そして，当社は，2020年3月30日開催の当社定時株主総会の後，同日に開催された当社取締役会において継続を決定した対応方針について，2020年7月20日開催の当社取締役会において，軽微な変更を加えることを決定し，その後，毎年の当社定時株主総会の後最初に開催される当社取締役会の決定により，対応方針を継続しております。なお，対応方針の内容につきましては，以下のとおりです。

（ⅰ）　大規模買付ルールの内容

大規模買付ルールとは，大規模買付者が，大規模買付行為に先立ち，当社取締役会に対して必要且つ十分な情報を提供し，それに基づき当社取締役会が当該大規模買付行為について評価・検討を行うための期間を設け，かかる期間が経過した後に大規模買付行為が開始されるというものです。大規模買付ルールの概要は，以下のとおりです。

イ．情報提供

大規模買付者には大規模買付行為に先立ち，株主の皆様のご判断及び取締役会の評価・検討のために必要且つ十分な情報（以下，「大規模買付情報」といいます。）を提供していただきます。

大規模買付情報の具体的内容は，大規模買付行為の内容及び態様等によって異なり得るため，まず当社宛に，意向表明書をご提出いただくこととし，こ

れをもとに，当初提出していただくべき大規模買付情報のリストを大規模買付者に交付します。

ロ．当社取締役会による評価・検討

　当社取締役会は，大規模買付行為の評価の難易度に応じて，大規模買付者が当社取締役会に対して大規模買付情報の提供を完了した後，対価を現金（円貨）のみとする公開買付けによる当社株券等の全ての買付けの場合には60日間（初日不算入），その他の大規模買付行為の場合には90日間（初日不算入）を，当社取締役会による評価，検討，交渉，意見形成及び代替案立案のための期間（以下，「取締役会評価期間」といいます。）として確保されるべきものと考えます。取締役会評価期間中，当社取締役会は，適宜必要に応じて外部専門家等の助言を得ながら，提供された大規模買付情報を十分に評価・検討し，当社取締役会としての意見を取りまとめ，公表します。

　これを踏まえ，大規模買付行為は，取締役会評価期間の経過後にのみ開始されるべきものとします。

（ⅱ）　大規模買付行為がなされた場合の対応方針

イ．大規模買付者が大規模買付ルールを遵守しない場合

　大規模買付者が大規模買付ルールを遵守しない場合，具体的な買付方法の如何にかかわらず，当社取締役会は，当社株主の皆様の共同の利益及び当社の企業価値を守ることを目的として，新株予約権の発行及び／又は新株発行等，会社法その他の法令及び当社定款が取締役会の権限として認める措置（以下，「対抗措置」といいます。）を講じ，大規模買付行為に対抗することがあります。具体的な対抗措置については，その時点で相当と認められるものを選択することになります。

ロ．大規模買付者が大規模買付ルールを遵守した場合

　大規模買付者が大規模買付ルールを遵守した場合，当社取締役会が仮に当該大規模買付行為に反対であったとしても，反対意見の表明，代替案の提示，株主の皆様への説得等を行う可能性は排除しないものの，原則として，当該大規模買付行為に対する対抗措置は講じません。大規模買付者の買付提案に応じるか否かは，当社株主の皆様において，当該買付提案の内容及びそれに対する当

社取締役会の意見及び代替案等をご考慮の上，ご判断いただくこととなります。

但し，大規模買付ルールが遵守されている場合であっても，当該大規模買付行為が当社株主の皆様の共同の利益及び当社の企業価値を著しく損なうと認められる場合には，当社取締役会は当社株主の皆様の利益を守るために対抗措置を講じることがあります。

（ⅲ）　対抗措置の合理性・公正性を担保するための手続

大規模買付ルールに則った一連の手続の進行について，並びに，大規模買付ルールが遵守された場合で当社株主の共同の利益及び当社の企業価値を守るために適切と考える一定の対抗措置を講じる場合においては，当社取締役会が最終的判断を行うことから，その判断の合理性・公正性を担保するために，当社は，当社取締役会から独立した機関として，特別委員会を設置いたしました。特別委員会の委員は，3名以上5名以内とし，社外取締役，弁護士，公認会計士，税理士，学識経験者，投資銀行業務に精通している者及び取締役又は執行役としての経験のある社外者等の中から選任されるものとします。

当社取締役会が対抗措置を発動する場合には，発動に先立ち，特別委員会に対し，発動すべき具体的な対抗措置の内容を提示した上で，その発動の是非について諮問し，当社取締役会は，対抗措置を発動するか否かの判断に際して，特別委員会の勧告を最大限尊重するものとします。

（ⅳ）　本対応方針の合理性

本対応方針は，経済産業省及び法務省が2005年5月27日に発表した「企業価値・株主共同の利益の確保又は向上のための買収防衛策に関する指針」の定める三原則（企業価値・株主共同の利益の確保・向上の原則，事前開示・株主意思の原則，必要性・相当性確保の原則）を全て充足しており，かつ，企業価値研究会が2008年6月30日に発表した「近時の諸環境の変化を踏まえた買収防衛策の在り方」の内容にも準じております。また，本対応方針は，株主の皆様が大規模買付行為に対する判断を行うために必要かつ十分な情報を収集・提供し，また，これを評価・検討して取締役会としての意見を取りまとめて公表することにより，株主の皆様の共同の利益に資するものであると考えております。

その他，上記のとおり，本対応方針は，当社取締役会から独立した組織として特別委員会を設置することとしていること，いわゆるデッドハンド型買収防衛策（取締役会の構成員の過半数を交代させても，なお発動を阻止できない買収防衛策）及びスローハンド型買収防衛策（取締役会の構成員の交代を一度に行うことができないため，その発動を阻止するのに時間を要する買収防衛策）ではないことから，合理性のあるものであると考えております。

④ **上記②の取組みについての取締役会の判断**

上記②の取組みは，当社グループ全体の企業価値を向上させ，それを当社の株式の価値に適正に反映させていくことにより，当社株主の皆様の共同の利益を著しく損なう大規模買付行為が行われる危険性を低減させるものと考えられるため，基本方針に沿うものであります。

また，かかる取組みは，当社グループ全体の企業価値を向上させるための取組みであり，株主の皆様の共同の利益を損なうものではなく，また，当社役員の地位の維持を目的とするものではないと考えております。

⑤ **上記③の取組みについての取締役会の判断**

（ⅰ）　上記③の取組みは，十分な情報の提供と十分な検討等のための期間の確保の要請に応じない大規模買付者，及び，当社の企業価値・株主の皆様の共同の利益を害するおそれのある大規模買付行為を行う大規模買付者に対して対抗措置を発動できることとしております。したがいまして，上記③の取組みは，上記①の基本方針に照らして不適切な者によって当社の財務及び事業の方針の決定が支配されることを防止するための取組みとして，当社の基本方針に沿うものであると考えております。

（ⅱ）　上記③の取組みは，当社の企業価値・株主の皆様の共同の利益を確保することを目的として，大規模買付者に対して，当該大規模買付者が実施しようとする大規模買付行為に関する必要な情報の事前の提供及びその内容の評価・検討等に必要な期間の確保を求めるための取組みであります。また，かかる取組みにおいては，対抗措置の発動について取締役会による恣意的な判断を防止し，その判断の合理性・公正性を担保するために，特別委員会を設置し，特別委員会の勧告を最大限尊重して対抗措置を発動することを定めており，また，対抗

措置を発動するに際しては，監査等委員の全員の賛成を得た上で，取締役全員の一致により決定することとしております。したがいまして，上記③の取組みは，株主の皆様の共同の利益を損なうものではなく，また，取締役会の地位の維持を目的とするものではないと考えております。

2 事業等のリスク

以下，当社グループの事業の状況並びに経理の状況等に関する事項のうち，リスク要因となる可能性があると考えられる主な事項並びにその他投資者の判断に重要な影響を及ぼすと考えられる事項を記載しております。当社グループは，これらのリスクの発生可能性を認識したうえで，その発生の予防および発生時の対応に努める方針ですが，経営状況および将来の事業についての判断は，以下の記載事項を慎重に検討したうえで行われる必要があると考えています。なお，以下の記載のうち将来に関する事項は，別段の記載がない限り，当連結会計年度末現在における当社グループの認識を示すものであります。また，以下の記載は当社株式への投資に関連するリスク全てを網羅するものではありません。

1. 事業環境に関するリスク ···························
（1） 競合について ···························

当社グループは，ドメイン事業，クラウド・ホスティング事業，EC支援事業，セキュリティ事業，決済事業，アクセス事業からなる ①「インターネットインフラ事業」，インターネット広告事業，インターネットメディア事業，インターネットリサーチ事業等からなる ②「インターネット広告・メディア事業」，オンライン証券取引，外国為替証拠金取引を行なう ③「インターネット金融事業」，暗号資産のマイニング，交換，決済に関わる事業を行なう④ 「暗号資産事業」，そしてインターネット関連企業を中心とした未上場会社への投資事業を行なう ⑤「インキュベーション事業」を展開する総合インターネットグループです。

当社グループは，こうした総合的な事業展開に優位性があると考えておりますが，個々の事業においては，競合他社との競争が激化する可能性があります。すなわち，利用者獲得をめぐる競争が激しくなった場合，当社グループの収益力等が低下する場合があるほか，料金引き下げの必要性に迫られたり，広告宣伝費，

設備投資費等の増加を余儀なくされる場合も考えられ，当社グループの事業運営や業績に影響を及ぼす可能性があります。

（2） 技術革新について

インターネット関連技術は，技術の進歩が著しく，また，それに応じた業界標準および利用者ニーズが急速に変化するため，新サービス・製品も相次いで登場しております。これらの技術革新への対応が遅れた場合，当社グループの提供するサービスの陳腐化により，競合他社に対する競争力の低下を招き，その結果，当社グループの事業運営や業績に影響を及ぼす可能性があります。当社グループにおいては，新技術の開発や動向に十分留意するとともに，継続的なシステム投資及びスタッフの能力向上に努めております。

（3） 買収（M&A）等について

当社グループでは，新規事業への参入，既存事業の拡大，優れた技術や人財の獲得等を目的として，国内・海外ともに買収（M&A）や合弁事業を積極的に展開しております。

買収にともなって生じる様々なリスクを回避あるいは最小化するために，対象企業の契約関係，財務状況の確認など詳細なデューデリジェンスを実施しております。しかしながら，案件の時間的制約などからデューデリジェンスを十分に実施することが困難な場合があります。その結果，対象会社の買収完了後に偶発債務の発生や簿外債務が判明する可能性も否定できません。とりわけ海外マーケットへの進出にあたっては，その性質上，現地政府による規制や法令諸規則の改廃，規制担当官の恣意的な業務執行等により，計画通りに事業計画を遂行できず，当社グループの業績に影響を与えるほか，投下資本の回収が困難になる可能性もあります。

また，対象会社の重要な人財の流出，顧客流出などが計画に反して生じる可能性があり，当初計画していた経営成績や財務状況などの実現が困難となって当社グループの業績に影響を与える可能性があります。

合弁事業などの展開においても，当社グループは，強力なパートナーシップを

構築し，将来のシナジー効果が最大限発揮されるよう事前に綿密な協議を重ねることにより，買収後に関係が悪化するなどのリスクを極力排除するよう努めております。しかしながら，事業開始後において双方の経営方針に差異が生じた結果，期待したシナジー効果が実現できず，当社グループの業績に影響を与える可能性があります。

2. コンプライアンスに関するリスク

（1） 規制およびコンプライアンス体制について

当社グループでは，その事業に関して，以下の各規制のほか，会社法，金融商品取引法その他の様々な法律，規則，条例等の規制の適用を受け，また，行政通達内容および指導等の遵守を求められております。今後，インターネットの更なる普及やインターネットを利用した新規サービスの創出等により，利用者や関連事業者を対象とする新たな規制の導入，既存の法令等の改正や適用範囲の拡大，何らかの自主規制の要請がなされることにより，当社グループの事業が制約される可能性があります。

当社グループでは，これらの規制等に従うため，コンプライアンス体制の整備，運用および改善に努めておりますが，コンプライアンス体制の整備等の遅れ等によって適切な対応ができずこれらの規制等への違反・抵触が生じ，監督官庁等から処分や指導を受け，また損害賠償請求や信用の毀損等により，当社グループの事業ならびに経営成績および財務状況に悪影響を及ぼす可能性があります。

① 電気通信事業法について

本法は，電気通信事業の公共性に鑑み，その運営を適正かつ合理的なものとすることにより，電気通信役務の円滑な提供を確保するとともにその利用者の利益を保護し，もって電気通信の健全な発達および国民の利便の確保を図り，公共の福祉を増進することを目的として制定された法律であります。当社は，本法に基づく届出を行った届出電気通信事業者であり，本法により，検閲の禁止，通信の秘密の保護，業務，電気通信設備，設備の接続等について，届出電気通信事業者として，規制を受けております。

なお，2015年の法改正により，当社の主要な事業であるドメイン名の登録サー

ビスが，新たに本法の適用を受けることとなったことによって管理体制の強化，報告体制の強化が義務付けられ，また，インターネット接続事業については，いわゆる初期契約解除制度等が導入され，さらに2019年の法改正により，販売代理店の届出制度が導入されました。当社は，これらの義務を遵守するため，各種の体制整備等の措置を講じておりますが，これらの対応が十分であるとの保証はなく，行政機関から，指導，勧告等を受けたり，また，契約解約数の増加や契約数の減少等により業績に影響を与える可能性があります。

② **風俗営業等の規制および業務の適正化に関する法律について**

　本法は，善良の風俗と清浄な風俗環境を保持し，および少年の健全な育成に障害を及ぼす行為を防止するため，風俗営業および性風俗関連特殊営業等について，営業時間，営業区域等を制限し，および年少者をこれらの営業所に立ち入らせること等を規制するとともに，風俗営業の健全化に資するため，その業務の適正化を促進する等の措置を講ずることを目的として制定された法律であり，直接的には風俗営業を行う者を律するものであります。

　しかしながら，利用者に対するインターネット接続サービスに伴うサーバースペースの提供，レンタルサーバーサービス等の提供事業者は，自社サーバー上に映像送信型性風俗特殊営業者によりわいせつな映像が記録されていることを知ったときは，当該映像の送信防止措置等を講ずることにつき努力義務を負うこととされ，当社においても，本法の適用を受ける場合があります。当社は，利用者との間の契約約款において，利用者が開設，運営等するホームページの内容に関する責任の所在が利用者にあることを明示しており，かつ，法令の遵守に関して周知徹底を図る等，自主的な規制によって，違法，有害な情報の流通禁止について配慮しておりますが，これらの対応が十分であるとの保証はなく，利用者が開設，運営等するホームページに関して，利用者，閲覧者もしくはその他の関係者，行政機関等から，行政指導，クレーム，損害賠償請求，勧告等を受ける可能性があります。

③ **不正アクセス行為の禁止等に関する法律について**

　本法は，電気通信回線を通じて行われる電子計算機に係る犯罪の防止およびアクセス制御機能により実現される電気通信に関する秩序の維持を図り，もって高

度情報通信社会の健全な発展に寄与することを目的として制定された法律であり，直接的には電子計算機への不正なアクセスを禁止するものであります。

　しかしながら，電気通信回線に接続している電子計算機の動作を管理する者についても不正アクセス行為から防御するため必要な措置を講ずる旨の努力義務が定められております。当社においても，電子計算機の動作を管理する者として，上記規定の適用を受けることとなります。

④　**特定電気通信役務提供者の損害賠償責任の制限および発信者情報の開示に関する法律について**

　本法は，インターネット等による情報の流通の拡大に鑑み，特定電気通信による情報の適正な流通に資することを目的として，プロバイダ，サーバーの管理・運営者等の特定電気通信役務提供者の損害賠償責任の制限および発信者情報の開示を請求する権利につき定めるものであります。

　当社グループは，一部の事業運営を行うにあたり，特定電気通信役務提供者として，本法の適用を受けることになります。特定電気通信による情報の流通によって権利の侵害があった場合についての当社グループの損害賠償責任は，一定の場合には，この法律により免除されておりますが，同法は，情報発信者の表現活動に影響を及ぼすものであり，当社グループが，同法に定められている送信防止措置等の措置を履践するに際しては，非常に重大かつ適切な判断が求められます。当社グループでは，適切な判断となるよう同法の趣旨に鑑み，慎重な運用に努めておりますが，訴訟等において，その判断が適切でなかったと認定された場合は，利用者もしくはその他の関係者，行政機関等から，行政指導，クレーム，損害賠償請求，勧告等を受ける可能性があります。

⑤　**特定商取引に関する法律について**

　本法は，特定商取引（訪問販売，通信販売等）を公正にし，および購入者等が受けることのある損害の防止を図ることにより，購入者等の利益を保護し，あわせて商品等の流通および役務の提供を適正かつ円滑にし，もって国民経済の健全な発展に寄与することを目的として制定された法律であり，事業者名の表示，不当な勧誘行為の禁止や虚偽，誇大な広告の規制等の行政規制のほか，クーリングオフや事業者が求め得る損害賠償等の額の制限，広告メールの送信についてオプ

トイン方式を導入する等の民事ルールを定めております。

　本法では，インターネットを利用した通信販売等の取引形態において，返品を巡ってのトラブルや，いわゆる迷惑広告メール問題，クレジットカード情報の漏洩等の問題が発生していることに鑑み，インターネット上の取引についても規制されております。

　当社グループの行うメール広告事業および利用者に対する広告宣伝に関する電子メールの配信については，本法による規制を受けるため，法改正により，同事業の運営および宣伝広告が制約される可能性があります。

⑥　**特定電子メールの送信の適正化等に関する法律について**

　本法は，一時に多数の者に対してなされる営利広告等に関する特定電子メールの送信等による電子メールの送受信上の支障を防止する必要性が生じていることに鑑み，特定電子メールの送信の適正化のための措置等を定めることにより，電子メールの利用についての良好な環境の整備を図る事を目的として2002年に制定された法律で，特定電子メール内での送信者の連絡先等の記載義務等を課するものです。

　本法では，特定電子メールの送信に関して，従来のオプトアウト方式に替わるオプトイン方式の導入，法の実効性の強化，国際連携の強化等が定められております。

　当社グループの行うメール広告事業および利用者に対する広告宣伝に関する電子メールの配信については，本法による規制を受けるため，法改正により，同事業の運営および宣伝広告が制約される可能性があります。

⑦　**個人情報の保護に関する法律について**

　本法は，近年の高度情報通信社会の進展に伴う個人情報の利用拡大に鑑み，個人情報の適正な取扱いに関し，個人情報の有用性に配慮しつつ，個人の権利利益を保護することを目的として，個人情報を取り扱う事業者に対し，個人情報の利用目的の特定と利用の制限，取得の適正性の確保，個人データの正確性や最新性の確保，安全管理措置，第三者への開示や提供制限等に関し，義務を課すものです。

　本法により，当社グループは，個人情報の利用等に関し，利用者その他個人情

報の提供者に対し適切な説明および承諾の取得ならびに当該個人情報の適正な管理措置等を講じる法律上の義務を負います。

　また，当社グループは，本法令のほか，個人情報の取扱いに関して，監督官庁または業界団体が定める個人情報保護に関するガイドライン等を遵守した事業運営を求められます。

⑧　青少年が安全に安心してインターネットを利用できる環境の整備等に関する法律について

　本法は，インターネットにおいて，青少年にとって有害な情報が多く流通している状況に鑑み，青少年がより安全・安心にインターネットを利用できるようにし，もって青少年の権利の擁護に資することを目的とするものです。

　本法により，当社グループの行うインターネット接続サービスや，ホスティングサービス，掲示板サービス等のサーバー管理を伴うサービスについて，フィルタリングサービスの提供，青少年有害情報についての閲覧制限措置を講じる等の努力義務を負います。なお，本法においては，2017年6月23日に公布され，2018年2月1日に施行された改正法により，携帯電話インターネット接続役務提供事業者に対し，新規の携帯電話回線契約時等において，契約締結者が18歳未満の青少年である場合には，携帯電話端末にフィルタリングソフトウェア等の設定を行うことが義務付けられています。

　また，本法に基づいて行う情報の削除および制限は，情報発信者の表現活動に影響を及ぼすものであり，当社グループが，当該情報について青少年有害情報であると認定し，削除または閲覧規制措置を履践するに際しては，非常に重大かつ適切な判断が求められます。当社グループでは，適切な判断となるよう慎重な運用に努めておりますが，訴訟等において，その判断が適切でなかったと認定された場合は，情報発信者もしくはその他の関係者，行政機関等から，クレーム，損害賠償請求，行政指導，勧告等を受ける可能性があります。

⑨　資金決済に関する法律について

　本法は，資金決済に関するサービスの適切な実施を確保し，その利用者等を保護するとともに，当該サービスの提供の促進を図るため，前払式支払手段の発行，銀行等以外の者が行う為替取引および銀行等の間で生じた為替取引に係る債権債

務の清算について，登録その他の必要な措置を講じ，もって資金決済システムの安全性，効率性および利便性の向上に資することを目的とするものです。

　前払式支払手段の発行や資金移動を行う場合は，本法に定める届出義務，供託義務等が発生します。当社グループでは，一部のサービスにおいて，お客様のサービス料金のお支払方法の利便性向上等を図るため，自家型の前払式支払手段を発行しており，本法の適用を受けております。また，暗号資産に関するリスクについては，GMOコイン（株）が暗号資産交換業を営んでいることから，後継「4.各事業に関するリスク（3）インターネット金融事業および暗号資産事業のうち暗号資産交換事業について」に記載のとおりです。

⑩　銀行法について

　当社は，関東財務局の許可を受けて，GMOあおぞらネット銀行を所属銀行とする銀行代理業者として，円普通預金口座の開設の媒介を行っており，本法の適用を受けております。本法が改正されることにより，コンプライアンス体制，情報セキュリティ体制等の変更の必要が生じた場合には，銀行代理業者としての事業内容に影響を与える可能性があります。また，銀行代理業者としての事業活動の適法性，適切性の判断は慎重に行っておりますが，予期せぬ法改正により，本法に違反する事態となった場合には，行政処分等により，当社グループの事業活動および信用に影響を与える可能性があります。

⑪　不当景品類および不当表示防止法について

　本法は，商品および役務の取引に関連する不当な景品類および表示による顧客の誘引を防止するため，一般消費者による自主的かつ合理的な選択を阻害するおそれのある行為の制限および禁止について定めることにより，一般消費者の利益を保護することを目的とするものです。

　当社グループでは，ウェブサイト等における商品・サービスの内容や価格等の適正な表示，キャンペーン実施時にキャンペーン内容が法令に適合しているかについての確認や，社内での本法に関する研修の実施等に努めております。

　しかしながら，利用者が購入した商品・サービスが不良である場合や広告内容に虚偽の記載が含まれる場合，または利用者や行政・司法機関等により表示が不適切であると判断される場合等において，利用者による当社グループに対する苦

情申出，補償要求や集団訴訟の提起や，行政庁による本法に基づく課徴金の納付命令等がなされ，これらにより，当社グループの事業活動および業績等に重大な影響を与えたり，当社グループの信用毀損につながる可能性があります。

⑫　暴力団排除条例について

　2011年10月1日に東京都暴力団排除条例が施行されたほか，各自治体において同様の条例が施行されております。これらの条例においては，事業者が事業に関して締結する契約が暴力団の活動を助長し，または暴力団の運営に資することとなる疑いがあると認められる場合等に，契約の相手方が暴力団関係者でないかを確認するよう努めること，事業者がその行う事業に係る契約を書面により締結する場合において特約条項を書面に定めるよう努めることが定められています。当該規定は努力義務とされており，また当社グループでは，契約に当たって契約の相手方についての審査の実施，暴力団等でないことの誓約書の提出ならびに特約条項の整備等に努めております。しかしながら，警察や暴力団追放運動推進都民センター等の照会体制の不備等により，意図せず暴力団等との取引が行われた場合に，重要な契約の解除や補償問題等が発生する場合には，当社グループの事業の運営および業績等に重大な影響を及ぼす可能性や当社グループの社会的信用を毀損される可能性があります。

(2)　訴訟等の可能性について ……………………………………………………

　当社グループは，サーバー，ドメイン名等のインターネットのインフラの提供に関する事業やドメイン名の運用に関する事業を営んでおります。これらの事業に関連して，近年では，電子メールの送信や情報検索をはじめ，流通分野や金融分野のほかあらゆる分野の多種多様な情報，商品，サービスが，インターネットを通じて提供されており，インフラの安定的な運用等は必要不可欠となっております。このような状況において，当社グループでは，無停電電源装置の導入，バックアップシステム等による24時間365日の管理保守体制およびカスタマーサポート体制の構築等による障害対応，セキュリティの確保等，安定したサービス提供とシステム運用に努めております。

　しかしながら，天災地変に起因する障害やいわゆる DDos 攻撃等の悪意のある

第三者による攻撃，当社設備への不正なアクセス等，想定し得る技術的な防御策を超える事由による障害が生じた場合等には，利用者または第三者に多大な損害を与える可能性があります。このような場合に備え，当社グループのサービス契約約款には免責条項を設ける等の対策を講じておりますが，損害の賠償を求める訴訟等が提起された場合や補償問題等が発生する場合には，当社グループの事業の運営および業績等に重大な影響を及ぼす可能性や当社グループの社会的信用を毀損される可能性があります。当社グループにおいて現在までに，このような重大な影響を及ぼすような重大な訴訟事件は発生していませんが，当社グループの事業展開について，このような訴訟その他の請求の対象とされる可能性があります。

（3） リスクマネジメントの有効性に関するリスク

　当社グループは，様々な事業上のリスクについて，リスクマネジメント方針および手続の整備，運用および改善に努めておりますが，新規事業分野への急速な進出や事業の拡大に伴って，予測が困難なリスクが発生する等，既存のリスクマネジメント方針および手続が有効に機能せず，当社グループの事業ならびに経営成績および財務状況に悪影響を及ぼす可能性があります。

（4） 当社グループや当社グループの事業領域に関する否定的な報道

　当社グループまたは当社グループの事業領域に関する否定的な内容の報道がなされることがあります。当社グループでは，正確な情報を適時に開示，提供することに努めておりますが，報道された内容が正確であるか否かにかかわらず，これらの報道がお客様，お取引先様や投資者等の理解および認識に悪影響を及ぼし，また当社グループの事業ならびに経営成績および財務状況に悪影響を及ぼす可能性があります。

（5） 情報セキュリティに関するリスク

　当社グループでは，利用者（本項において従業員等も含む）の個人情報（本項において，いわゆるマイナンバーも含む）をはじめとする各種情報の管理・保管

(point) 生産及び販売の状況

　生産高よりも販売高の金額の方が大きい場合は，作った分よりも売れていることを意味するので，景気が良い，あるいは会社のビジネスがうまくいっていると言えるケースが多い。逆に販売額の方が小さい場合は製品が売れなく，在庫が増えて景気が悪くなっていると言える場合がある。

等に関して，規程の策定，社内ネットワークの監視，業務従事者に対する教育，役職員からの誓約書の提出，業務委託先企業に対する管理監督，その他情報セキュリティの確保に関して可能な限りの取り組みを継続的に行っております。しかし，このような情報セキュリティ対策の実施にも関わらず，悪意の第三者による外部から当社システムへの不正アクセスや，内部における情報の不適切な取扱い等によって情報漏洩等が発生した場合，当社グループの事業活動および業績等に重大な影響を与えたり，当社グループの信用毀損につながる可能性があります。

(6) 第三者との取引に関する損害賠償責任等の発生について

当社グループでは，利用者がインターネット上で通信販売サイト構築等を容易に行うことを可能にするサービスや，商品・サービスに関する広告表示，電子メール広告の送信等のサービスを運営，提供しています。

当社グループでは，当社グループがあたかも，当該商品もしくはサービスの販売者もしくは広告主であるかのように，ユーザーに誤認，混同されることのないよう，これらのサービスの利用規約等において，取引における責任および広告内容等に関する責任が利用者に帰属することを明示して，利用者の同意を得ることをはじめ，ウェブサイト等におけるサービス運営者・提供者の適正な表示等に努めております。

しかしながら，ユーザーが購入した商品の品質またはサービスの質が不良であった場合や，広告内容に虚偽の記載が含まれていた場合，もしくは利用者や行政・司法機関等により表示が不適切であると判断された場合において，多数のユーザーから，補償・返金を求められたり，集団訴訟が提起される等したときは，当社グループの事業活動および業績等に重大な影響を与えたり，当社グループの信用毀損につながる可能性があります。

3. 海外での事業活動に関するリスク

当社グループでは，日本のほか，世界各国において，各国の法律，規制，習慣等に従って各種事業を展開しておりますが，輸出入や製造物に関する規制，関税等の租税に関する制度の制定または改定，その他予期しない法律，政府方針の制

(point) 対処すべき課題

有報のなかで最も重要であり注目すべき項目。今，事業のなかで何かしら問題があればそれに対してどんな対策があるのか，上手くいっている部分をどう伸ばしていくのかなどの重要なヒントを得ることができる。また今後の成長に向けた技術開発の方向性や，新規事業の戦略についての理解を深めることができる。

定，改定等が行われたり，集団訴訟の提起，多額の損害賠償命令，関連法令等に基づく勧告や手続の執行，または行政による命令や指導を受けた場合に，当該事業が規制されたり，当社グループの役職員が現地当局により拘束されるなどしたときは，当社グループの財政状況や経営成績に悪影響を与える可能性があります。

また，政変，戦争，テロリズム，クーデター，紛争，暴動，外国軍隊からの一方的な攻撃もしくは占領その他の社会的・政治的混乱等の発生により現地の治安状態が悪化し，事業継続が困難になる可能性があります。更に，政府等による現地設備の接収，武装集団等による現地設備の襲撃もしくは不法占拠，当社グループの役職員の誘拐・殺害等によっても，当社グループの事業活動および業績等に重大な影響を及ぼす可能性があります。

4. 各事業に関するリスク ･･･

（1） インターネットインフラ事業について ･･････････････････････････････

① ドメイン事業について

ドメインの調整・管理については，米民間の非営利法人であるICANN（The Internet Corporation for Assigned Namesand Numbers）が一手にとり行なっており，同法人の動向によっては，当社の事業展開に影響を及ぼす可能性があります。

② クラウド・ホスティング事業について

クラウド・ホスティング事業は，大きな参入障壁がないため，多数の同業他社が存在しており，激しい競合の状況にあります。当社グループは，高度化・多様化する顧客ニーズに対応するため，多ブランド戦略をとっておりますが，価格競争などにより競争環境が更に激化した場合には，当社グループの経営成績に影響を及ぼす可能性があります。

③ EC支援事業について

ECプラットフォーム事業は，EC市場の拡大を背景に，新規参入も続いております。当社グループは，多様化する顧客ニーズに対応するため，多ブランド戦略をとっておりますが，サービス機能で競争力を失った場合や，フリーミアムモデ

ルの普及によりサービスの価格体系が競争力を失った場合には，当社グループの経営成績に影響を及ぼす可能性があります。

　次にハンドメイド事業は，スマートフォンの普及などを背景に個人間の電子商取引（CtoC）が主流になる中，手芸や趣味工芸を中心とするハンドメイドマーケットについても，引き続き市場が拡大するものと考えております。しかしながら，作家と購入者間のトラブル等の発生により，CtoCサービスの運営に対する新たな規制の導入がなされた場合には，当社グループの経営成績に影響を与える可能性があります。また，競合他社に対し技術開発競争，ブランディングの点で優位性を保てない場合には，想定どおりの成長が見込めない可能性があります。

④　**セキュリティ事業について**

　電子認証市場は，参入障壁が高いこともあり，当社グループを含め，先行する上位各社にシェアが集中しております。当社グループは認証局を自ら保有・運用することにより，競争優位を確保しておりますが，フリーミアムモデルの台頭などにより競争環境が激化した場合には，当社グループの経営成績に影響を及ぼす可能性があります。

　また，2015年より電子印鑑事業に参入し，認証局を持つ強みを生かすことで，高いセキュリティや低価格等の差別化を図ることによりシェアの拡大を図っております。しかしながら，今後の競争の激化により，当社グループ市場シェアが低下した場合や，価格競争により販売価格が下落した場合には，当社グループの事業及び経営成績に影響を及ぼす可能性があります。

⑤　**決済事業について**

　決済代行市場は，参入障壁が高いこともあり，当社グループを含め上位各社にシェアが集中しております。「EC市場の拡大」「決済のキャッシュレス化」という良好な事業環境のもと，オンライン・オフライン含めた総合的な決済代行サービスの提供，顧客の売上向上に繋がる付加価値サービスの提供，サービス導入から運用までの一貫した加盟店サポート体制，最新技術を見据えた安定的な基幹システムの構築・運用，ならびに東京証券取引所市場第一部の企業であることによる信頼性等により，競合他社との差別化を実現し高成長・高収益を継続できております。

（*point*）**事業等のリスク**

　「対処すべき課題」の次に重要な項目。新規参入により長期的に価格競争が激しくなり企業の体力が奪われるようなことがあるため，その事業がどの程度参入障壁が高く安定したビジネスなのかなど考えるきっかけになる。また，規制や法律，訴訟なども企業によっては大きな問題になる可能性があるため，注意深く読む必要がある。

しかしながら，予期せぬシステムダウン等により，サービス提供が困難になった場合には，ブランドに対する信用が失墜し，当社グループの経営成績に影響を及ぼす可能性があります。

　また，金融関連サービスであるトランザクションレンディング，「GMO後払い」といったマネーサービスの提供を通じ信用供与を行なっております。与信情報は一定の規定に従い審査をしているものの，予想を超えた未回収が発生した場合，当社グループの経営成績および財政状態に影響を及ぼす可能性があります。また，事業規模に応じて手元資金が必要となります。

⑥　**アクセス事業について**

　アクセス事業では，インターネット接続サービスの提供のために利用する回線を電気通信事業者より調達しております。この点，電気通信事業者との契約変更等により取引条件が悪化した場合，当社グループの経営成績に影響を及ぼす可能性があります。

(2)　インターネット広告・メディア事業について ·······························

①　**インターネット広告事業について**

　インターネット広告市場は，成長中の業界であることから多数の同業他社が存在し，また，新規参入も相次いでおります。当社グループは，サービスの開発，販売力の拡充，技術力の強化により他社との差別化を図っておりますが，競争環境の激化により当社グループの商品・サービスの優位性が他社に劣後する場合，経営成績に影響を及ぼす可能性があります。

　また，広告代理においては，広告枠や広告商品の仕入れを大手の媒体社に依存しております。このため，媒体社との契約変更等により，取引条件が悪化した場合，当社グループの経営成績に影響を与える可能性があります。

　さらに，アドネットワーク商材においては，スマートフォンなどデバイスに搭載されるOSの仕様変更，ブラウザーの仕様変更，またアドブロックツール等の普及により当社グループの経営成績に影響を与える可能性があります。

②　**インターネットメディア事業について**

　当社グループは，自社で運営している媒体に掲載された広告収入を主な収益と

しております。魅力ある新規サービスの投入，既存サービスのリニューアル等を
行なうことにより，顧客基盤の拡大を図っておりますが，ユーザーの支持が得ら
れない場合には，媒体価値が低下し，当社グループの経営成績に影響を及ぼす可
能性があります。

　また，広告代理店やアドネットワーク事業者を通じて受注掲載していることか
ら，特定の事業者の割合が多くなり，当該事業者側の事情によって掲載方法の指
定の変更を受けると，広告掲載量や単価が下落し当社グループの経営成績に影響
を及ぼす可能性があります。

③　**インターネットリサーチ事業について**

　ネットリサーチ市場は，既存の調査手法からオンライン調査への切り替えによ
り，拡大を続けておりますが大きな参入障壁が存在しないことから新規参入も想
定されます。当社グループは，自社調査パネルの拡大に加え，戦略的提携により
調査パネルの確保を進めるなど他社との差別化を図っておりますが，競争環境の
激化により競争力を失った場合には当社グループの経営成績に影響を及ぼす可能
性があります。

**(3)　インターネット金融事業および暗号資産事業のうち暗号資産交換事業につ
　　いて** ……………………………………………………………………………………

①　**法的規制等に関する事項**

　GMO クリック証券（株），（株）FX プライム byGMO，GMO コイン（株）およ
び外貨 ex byGMO（株）は金融商品取引業を営むため，金融商品取引法第29条
に基づき，金融商品取引業者として内閣総理大臣の登録を受けており，同法およ
び関係諸法令による各種規制並びに金融庁の監督を受けております。GMO クリッ
ク証券（株）は商品先物取引業を営むため，商品先物取引法第190条第1項に基
づく許可を受け，同法および関連諸法令による各種規制並びに監督官庁による監
督を受けており，GMO コイン（株）は暗号資産交換業を営むため，資金決済に関
する法律第63条の2に基づき，暗号資産交換業者として内閣総理大臣の登録を
受けており，同法および関係諸法令による各種規制並びに金融庁の監督を受けて
おります。これらの会社は，法令改正あるいは新法令の施行などにより，期待通

りに事業を展開できなくなる可能性があります。加えて，監督官庁の政策動向・規制も事業活動に重大な影響を与える可能性があり，これらの会社の経営成績および財政状態にも影響を及ぼす可能性があります。

また，GMOクリック証券（株）は日本証券業協会，一般社団法人金融先物取引業協会，一般社団法人第二種金融商品取引業協会及び日本商品先物取引協会に加入するとともに，東京証券取引所，大阪取引所および東京金融取引所の取引参加者となっており，（株）FXプライム byGMOは一般社団法人金融先物取引業協会および一般社団法人日本投資顧問業協会，外貨 ex byGMO（株）は日本証券業協会，一般社団法人金融先物取引業協会および一般社団法人日本投資顧問業協会，GMOコイン（株）は一般社団法人日本暗号資産取引業協会および一般社団法人日本資金決済業協会に加入しており，これらの協会または取引所の諸規則にも服しております。

これらの会社は前記の法令および諸規則に則り事業運営を行なっておりますが，これら諸法令等に違反する事実が発生した場合には，行政処分や損害賠償の請求等により，各社並びに当社グループの風評，事業展開，経営成績および財政状態に重要な影響を及ぼす可能性があります。また，予期しない法令，諸規則，業界の自主規制ルール等の制定または改定等が行なわれることにより，各社は計画通りに事業を展開できなくなる可能性があり，規制の内容によっては，各社並びに当社グループの事業活動および経営成績に重要な影響を与える可能性があります。

② **自己資本規制比率に関する事項**

金融商品取引業者は，金融商品取引法第46条の6に基づき，自己資本規制比率が120％を下回ることがないよう当該比率を維持する必要があります。

2022年12月31日現在におけるGMOクリック証券（株）の自己資本規制比率は542.8％，（株）FXプライム byGMOの自己資本規制比率は906.7％，GMOコイン（株）の自己資本規制比率は438.7％，外貨 ex byGMO（株）の自己資本規制比率は829.5％となっております。自己資本規制比率は，固定化されていない自己資本の額，市場リスク相当額，取引先リスク相当額，基礎的リスク相当額の増減により変動しており，今後の自己資本の額や各リスク相当額の増減度合い

によっては大きく低下する可能性があり，その場合には，資本性資金の調達を行わない限り，各社ならびに当社グループの財政状態及び経営成績に重大な影響を与える可能性があります。

また，GMOクリック証券（株），（株）FXプライム byGMO および外貨 ex byGMO（株）は，金融商品取引業に関する内閣府令第123条第1項第21号の4に基づき，2020年1月よりストレステスト（外国為替相場の変動その他の変化があったものとして，当該金融商品取引業者に生ずる最大想定損失額を計算し，経営の健全性に与える影響を分析すること）を毎営業日実施しております。ストレステストの結果，固定化されていない自己資本の額から最大想定損失額を控除して得られる額が負の値となった場合には，リスク量の削減，資本の積増し，またはその他の経営の健全性を確保するための措置を検討・実施することとされており，その措置の内容によっては計画どおりに事業を展開できなくなる可能性があり，各社並びに当社グループの事業活動および財政状態および経営成績に重大な影響を与える可能性があります。

③　**事業環境に関する事項**

インターネット金融事業に属する会社では株式の現物取引および信用取引，FX取引，株価指数先物・オプション取引，店頭 CFD 取引，貸付型クラウドファンディング取引等の金融商品取引に関するサービスを提供しており，暗号資産事業のうち暗号資産交換事業に属する会社では暗号資産の現物取引および証拠金取引に関するサービスを提供しているため，これらの会社の収益は株式市場，外国為替市場，暗号資産市場等の相場環境の影響を受けております。これらの市場について，経済情勢，政治情勢，規制の動向，税制の改正等により投資環境が悪化し，顧客の投資意欲が減退した場合には，これらの会社の取扱う金融商品取引または暗号資産取引の取引高が減少し，各社並びに当社グループの財政状態および経営成績に重大な影響を及ぼす可能性があります。

また，今後，各社において競合他社との間の手数料等の値下げ競争が激化し，手数料等の値下げを実施した場合，その実施に伴う収益の減少を補うだけの取引量の拡大が達成出来ない場合や収益性の向上を図れない場合には，各社並びに当社グループの経営成績に重大な影響を及ぼす可能性があります。

その他，新たな技術革新や異業種からの新規参入者等の登場により，各社を取り巻く事業環境は変化します。各社は，顧客ニーズや技術動向を捉え，価値ある金融サービスの創造に努めておりますが，その対応が遅れた場合には，業界内での競争力の低下を招き，各社並びに当社グループの財政状態及び経営成績に重大な影響を与える可能性があります。

④ **市場リスク**

インターネット金融事業に属する会社の提供する店頭 FX 取引および店頭 CFD 取引，並びに暗号資産事業のうち暗号資産交換事業に属する会社の提供する暗号資産取引は，顧客との間で各社が取引の相手方となって取引を行うため，取引の都度，外国為替，証券，商品，暗号資産等の自己ポジションが発生します。これらのポジションについては，各社とも他の顧客との売買で相殺するか，カウンターパーティーとの間でカバー取引を行うことにより，相場変動によるリスクを回避しております。

しかしながら，システムトラブル等により，自己ポジションの適切な解消が行われない場合，あるいは相場の急激な変動やカウンターパーティーとの間でのシステムトラブルの発生等により，カバー取引が適切に行われない場合には，ポジション状況によっては損失が発生し，各社並びに当社グループの経営成績および財政状態に重大な影響を与える可能性があります。

⑤ **信用リスク**

インターネット金融事業に属する会社が提供する株式の信用取引および株価指数先物・オプション取引，FX取引，店頭 CFD 取引並びに暗号資産事業のうち暗号資産交換事業に属する会社が提供する暗号資産の証拠金取引では，顧客より取引額の一定割合の保証金または証拠金の差し入れを受けたうえで取引を行っております。こうした取引については，顧客に信用を供与する形となるため取引開始時の審査及び日常的な口座状況のモニタリングを通じたリスク把握や担保管理等の与信管理を徹底しており，取引開始後，相場変動により顧客の取引に係る評価損失が拡大したり，あるいは代用有価証券の価値が下落して顧客の保証金または証拠金が必要額を下回った場合には，各社は顧客に対して追加の保証金または証拠金の差し入れを求めております。顧客がそれに応じない場合は，各社は顧客

の取引を強制的に決済することで取引を解消しますが，強制決済による決済損失が保証金または証拠金を上回る場合は，顧客に不足額を請求します。しかしながら，顧客がその支払に応じない場合には，各社がその不足額の全部または一部に対して貸倒損失を負う可能性があり，各社並びに当社グループの財政状態及び経営成績に重大な影響を与える可能性があります。

　また，各社がカウンターパーティーとの間で行うカバー取引では，各社とも取引額に対して一定の証拠金を差し入れて取引を行なっております。そうしたカウンターパーティーについては，取引開始時の審査及び事後のモニタリングを行うことで財政状態等の把握に努めておりますが，財政状態の悪化や法的整理などの事態が発生した場合は，カウンターパーティーに対して未決済ポジションの解消と保証金または証拠金の返還，未受取金額の支払等を請求します。しかしながら，カウンターパーティーがその支払に応じない場合には，各社はその不足額の全部または一部に対して貸倒損失を負う可能性があり，各社並びに当社グループの事業活動および経営成績に重大な影響を与える可能性があります。

⑥　**コンピュータシステムについて**

　インターネット金融事業に属する会社および暗号資産事業のうち暗号資産交換事業に属する会社が提供する各種の取引は，そのほとんどがシステムを介して行われているため，システムの安定的な稼動は重要な経営課題であると認識しております。各社においては，アプリケーションの改善やハードウェアおよびネットワークインフラの増強等，システムの継続的なメンテナンスを実施しておりますが，不測の要因によりシステム障害が発生した場合には，顧客の売買機会の喪失による機会損失の発生や社会的信用の低下による顧客の離反，システム障害により顧客に発生した損害に係る賠償請求等により，各社並びに当社グループの財政状態および経営成績に重大な影響を及ぼす可能性があります。また，システム障害の程度によっては，各社並びに当社グループの事業継続に支障をきたす可能性があります。

⑦　**情報セキュリティリスク**

　インターネット金融事業に属する会社および暗号資産事業のうち暗号資産交換事業に属する会社は，事業活動を通して，顧客や取引先の個人情報及び機密情報

等を入手することがあります。そのため，情報セキュリティの強化は重要な経営課題であると認識しており，これらの会社では，情報の取扱いに関する社内体制の強化と社員教育の徹底を図り，情報システムのハード面・ソフト面を含めて金融事業を営む場合に求められる高い水準のセキュリティ対策を講じております。しかしながら，サイバー攻撃や不正アクセス，コンピューターウィルスへの感染，その他不測の事態等の発生により，個人情報の漏洩や滅失，暗号資産の盗難，重要データの破壊や改ざん，システム停止等が発生した場合には，これらの会社に対する信頼低下による顧客の離反，行政処分や損害賠償の請求等により，各社並びに当社グループの事業活動および経営成績に重大な影響を与える可能性があります。

(4) 暗号資産事業について ···

下記には暗号資産マイニング事業，暗号資産決済事業にかかるリスクを記載しています。なお，暗号資産交換事業については，「4.各事業に関するリスク（3）インターネット金融事業および暗号資産事業のうち暗号資産交換事業について」を参照ください。

① 暗号資産マイニング事業について

（ⅰ）法規制について

当該事業は暗号資産の保有，取引，またはマイニングに関する法的，政治的なリスクにさらされています。今後，法令または政策の変更等により，暗号資産の保有，取引またはマイニングに制限がなされた場合，当社の経営成績および事業展開に影響を及ぼす可能性があります。

（ⅱ）市場の動向について

当該事業では，マイニングの報酬として暗号資産（ビットコインなど）を受領します。受領した暗号資産は市場で即時売却することで在庫評価リスクを抑制しておりますが，暗号資産は価格変動リスクが大きいため，当社グループの業績に影響を及ぼす可能性があります。また，当社が主にマイニングを行なっているビットコインは，総供給量の上限が2,100万BTC，年間の総採掘可能量は，総供給量の上限に達する2140年まで，4年ごとに訪れる「半減期」によ

り半分となるよう設計されております(直近の半減期は2020年5月)。このため,ビットコイン価格が一定で推移すると仮定した場合,「半減期」の到来ごとにマイニング報酬は減少する見通しとなります。当社グループは安価な電力を活用したマイニングセンターの運用がコスト優位性に繋がると考えておりますが,競争環境が更に激化した場合には,当社グループの経営成績に影響を及ぼす可能性があります。

② 暗号資産決済事業(ステーブルコイン発行・償還業)について

(ⅰ) 法規制等に関する事項

　GMO-Z. com Trust Company Inc.は,日本国外でステーブルコイン発行・償還業を営むため,ニューヨーク州特定目的信託会社を設立し,米国ニューヨーク州金融サービス局(NYDFS)による監督を受けております。ニューヨーク州法,連邦法の改正あるいは新法令の施行,監督官庁による規制内容の変更などにより,期待通りに事業を展開できなくなる可能性があります。また上記法令や諸規則により事業運営を行っておりますが,これら諸法令等に違反する事実が発生した場合には,行政処分や損害賠償の請求等により,当社並びに当社グループの風評,事業展開,経営成績及び財政状況に影響を及ぼす可能性があります。

(ⅱ) 事業環境に関する事項

　現時点において,ステーブルコインの定義及びその発行や流通を規制する法令は各国で異なるものと認識しております。当社が発行するステーブルコインの上場先は,財務,コンプライアンス及びセキュリティ等複数の観点からデューデリジェンスを実施の下,選定された取引先でありますが,取引先による法令違反又はそれらに対する規制変更による上場廃止により,当社の事業活動及び経営成績に影響を与える可能性があります。

(ⅲ) 情報セキュリティリスク

　当社は事業活動を通じて顧客や取引先の情報を取得・保有しており,情報管理に関する社内体制を整備の上,社員教育を実施し,システムのハード面・ソフト面の両面において情報管理上のリスクを低減するための情報セキュリティ対策を講じております。しかしながら,サイバー攻撃や不正アクセス,コンピュー

タウイルスへの感染，その他不測の事態等の発生により，個人情報の漏洩や滅失，暗号資産の盗難，重要なデータの破棄や改ざん，システム停止等が発生した場合には，当社並びに当社グループに対する信頼の低下，行政処分や損害賠償の請求等により，当社並びに当社グループの事業活動および経営成績に影響を与える可能性があります。

5. 代表者への依存について

当社グループの事業は，当社グループの役職員により計画および運営がなされておりますが，重要な経営陣，特に当社代表取締役グループ代表会長兼社長執行役員・CEOである熊谷正寿に不測の事態が発生した場合，円滑な事業の推進に支障が生じる可能性があります。

6. 人材に関するリスク

当社グループでは，ナンバーワンのサービスの提供を通じて多くのお客様の笑顔・感動を産み出すため，グループの持つ技術力を武器に様々なサービスをフルスクラッチで自社開発しています。このサービスを支えている最大の経営資源は人材であり，各種サービスの品質向上，新規サービスの開発のためには優秀な人材の採用・育成が欠かせません。しかしながら，人材獲得競争の激化により優秀な人材の獲得が困難となった場合，在職する人材の社外流出が生じた場合には，当社グループの経営成績および財政状態に影響を及ぼす可能性があります。

7. 無形資産に関するリスク
（1） 知的財産に関するリスク

当社グループは，特許権，実用新案権，意匠権，商標権，著作権その他の知的所有権の登録もしくはこれらの使用権の許諾を受けることにより，適法な事業運営と法的保護を図っております。しかしながら，当社グループの知的所有権が何らかの理由で法的保護を享受できなかった場合や，法的手続によってその登録や効力の無効，取消しなどの処分が確定した場合などは，当社グループの事業や経営成績に悪影響を及ぼす可能性があります。

また，当社グループは予め第三者の権利を侵害しないよう可能な範囲で先登録権利の調査を実施しておりますが，意図せず調査結果の漏れが判明したり，権利侵害の有無に関わらず和解による高額な金銭の取得を目的として第三者から侵害訴訟などの攻撃を受ける可能性があります。その結果，紛争に対する多額の防御費用，解決費用などが生じたり，当社グループの事業範囲に一定の制限が課せられた場合には，当社グループの業績に重大な影響を及ぼす可能性があります。

(2) ブランドに関するリスク

当社グループは，No.1戦略の下，多額の広告宣伝費を投入し，「GMO」および「Z.com」ブランドの確立を図っておりますが，当社グループが実施している諸施策が想定どおりに功を奏しなかった場合や，事業遂行上の第三者とのトラブル，役職員による不正行為の発覚，事実と異なる報道などがあったときは，当社グループの信用を毀損し，顧客吸引力を喪失するなどして，当社グループの業績に影響を及ぼす可能性があります。

また，当社グループのブランドが，後発的に，いわゆるネガティブワードと同一または類似になった場合は，当該ブランドをやむを得ず変更する場合があります。この場合，当社グループの信用を毀損し，顧客吸引力を喪失するなどして，当社グループの業績に影響を及ぼす可能性があります。

8. 有価証券投資に係るリスク

当社グループは国内外の株式や債券等を保有しております。その運用については内部統制に基づく社内規程に従って行いリスクの管理に努めておりますが，株式市況の低迷や投資先の経営状況の悪化・破綻などにより，保有する有価証券の評価額が減少し，当社グループの業績に影響を及ぼす可能性があります。

9. マーケットに関するリスク
(1) 金利変動リスク

当社グループは，主として金融機関からの借入金や社債の発行などによって，必要な資金を調達しています。したがって，金融政策や金融市場の変化等により

金利が上昇した場合には，調達コストが増加し当社グループの経営成績および財政状態に影響を及ぼす可能性があります。

（2）　為替リスク

　当社グループは，海外連結子会社の売上高，費用，資産，負債等について円換算した上で連結財務諸表等を作成しております。また，当社グループの事業の中には，海外の企業に対し外貨による支出を行なう形態の事業があります。当社グループは，先物為替予約等のデリバティブを活用したヘッジ取引により為替変動リスクの軽減に努めているものの，外国為替相場の変動が当社グループの業績に重大な影響を及ぼす可能性があります。

10.　資金調達に関するリスク

　当社グループが金融機関と締結しているローン契約，シンジケートローン契約，コミットメントライン契約その他の借入契約には，財務制限条項が付帯されている場合があります。したがって，当社グループの経営成績，財政状態または信用力が悪化した場合には，係る条項に基づき期限の利益の喪失や，金利等の引き上げ，追加担保の設定などを迫られることがあります。なお，資金調達の多様化や安定化を図ることを目的とし，発行体格付を2021年1月27日付で取得しておりますが，金融市場環境が不安定な場合や，当社グループの信用力が悪化した場合等において，資金調達が予定どおり行なえず，当社グループの事業展開，業績および財政状態等に影響を及ぼす可能性があります。

11.　システムに関するリスク

　当社グループの事業の多くはインターネット関連サービスに特化しており，インターネットへの接続，データセンターの維持管理等の重要な業務の一部を外部委託しているものがあります。何らかの原因による輻輳，当社グループで制御できない領域で発生した障害，悪意のある第三者による不正アクセス，ハードウェアまたはソフトウェアの欠陥等（いわゆるバグを含む）により，当社グループのシステムの一部または全部が正常に作動せず，重要なデータの消滅や書換え，第三

者によるデータの不正入手，取引停止等が発生する可能性があります。これらは，当社グループの収益機会の喪失のほか，第三者からの多額の損害賠償請求，監督官庁による行政指導，営業停止処分その他の行政処分により，更に当社グループの業績に影響を及ぼす可能性があります。

12. 内部管理体制に関するリスク

　当社グループは，金融商品取引法に規定される内部統制報告制度に伴い，財務報告に関する内部統制を強化するとともに，代表取締役直轄のグループ内部監査担当部門や内部通報制度（GMOヘルプライン制度）の運用等により，内部管理体制の継続的な改善に努めております。しかしながら，事業の急速な拡大やその他の要因により内部管理体制の十分な構築が追いつかない場合や，当社グループの内部統制に重要な不備が生じた場合などは，当社グループの社会的信用が低下し，当社グループの事業および業績に影響を与える可能性があります。

13. 自然災害等に関するリスク

　地震，雷，台風，津波，悪天候その他の自然災害，もしくは長時間の停電，火災，疾病の蔓延，放射能汚染，強烈な太陽風，隕石の落下，その他の対応困難な災害が発生した場合，当社グループの事業の運営または継続に重大な影響を及ぼす可能性があります。当社グループでは，あらゆる事態を想定して事業継続のための計画策定などを進めておりますが，これらのリスクの発現による人的，物的損害が甚大な場合は当社グループの事業の継続自体が不可能となる可能性があります。

14. 新型コロナウイルス感染症（COVID-19）について

　当社グループでは，国や地方自治体が示す指針並びに当社グループにおいて作成した「パンデミック時における対策発令・対応レベル」，「新型コロナウイルス感染症対策に関するガイドライン」に従い，新型コロナウイルスの感染予防並びに感染拡大の防止に取り組んでおります。具体的には，2020年1月27日より，時差出勤や在宅勤務を段階的に導入し，感染拡大の状況に応じた出社人数の制限

をはじめ出社時のマスク着用，ソーシャルディスタンスの確保，指先消毒の徹底等の対策を講じることで，従業員の安全の確保と安定した事業活動の両立を図っております。また，不要な押印手続きの撤廃やペーパーレス化等を推進し，業務効率化と生産性向上を図るとともに，在宅勤務下においても従業員同士の対話や議論を重要視し，オンライン会議システムの活用による円滑なコミュニケーションを促進しております。

　業績面においては，中核事業であるインターネットインフラ事業自体が安定的な収益基盤をベースにしたビジネスモデルであり，経済危機など有事の影響を受けにくい特徴があることに加え，緊急事態宣言発布以降における巣ごもり消費，オンライン消費が高水準で推移しておりますが，今後在宅勤務体制が長期化し生産性の低下を招いた場合などには，競争力の低下やサービス水準の低下，業務の遅延・停止という事態が生じる可能性があり，当社グループの事業および業績に影響を与える可能性があります。

　当連結会計年度末現在においては，当社グループの業績に対する影響は軽微であり，財政状態への影響は限定的です。今後も，当社グループ全体での影響を最小化するべく，インターネットのインフラ・サービスインフラに経営資源を集中し，コロナ禍においてより企業ニーズが増大している DX に関わるビジネスの拡大を図ってまいります。なお，当連結会計年度において当社グループでは，従業員及び取引先・地域住民の方などに企業が職場等でワクチン接種を進める職域接種を2021年6月以降，実施いたしました。

3　経営者による財政状態，経営成績及びキャッシュ・フローの状況の分析

　当連結会計年度における当社グループの財政状態，経営成績及びキャッシュ・フロー（以下，経営成績等という）の状況の概要は次のとおりです。

　なお，当連結会計年度の期首より，「収益認識に関する会計基準」（企業会計基準第29号2020年3月31日。以下,収益認識会計基準）等を適用しております。

　詳細は,「第5　経理の状況　1　連結財務諸表等(1)連結財務諸表注記事項(会計方針の変更)」に記載のとおりであります。

（経営成績の状況）

　当社グループは「すべての人にインターネット」のコーポレートキャッチのもと，1995年の創業以来一貫して，インターネットのインフラ・サービスインフラの提供に経営資源を集中してきました。インターネットの普及とともにインターネット上のデータ量・トランザクションは級数的に増加し，当社グループの事業機会も拡大し続けたことから，ストック型収益モデルのインターネットインフラ事業が業績を牽引してまいりました。今般，新型コロナウイルス感染症拡大の対策が進み，経済再開の動きがみられる中，DXの進展，オンライン消費の定着などは不可逆なトレンドとなっており，当社グループのサービスに対するニーズはより一層高まっているものと考えています。

　このような事業環境のもと，（1）No.1サービスの集合体となっているインターネットインフラ事業は，顧客基盤が拡大する中，決済事業・セキュリティ事業を中心に堅調に推移しました。（2）インターネット広告・メディア事業は，経済再開の動きが見られ，一部の業種の顧客取引が好調に推移したことに加え，自社メディアも好調に推移しました。（3）インターネット金融事業は，店頭FXは，外貨 ex byGMO を連結子会社化したこともあり取引高は拡大したものの，ドル円相場の一方向の円安進行が続き，収益性の観点からは厳しい事業環境となりました。CFDはコモディティ市場のボラティリティ上昇が追い風となり，好調に推移しました。一方，タイ王国での証券事業に関して，貸倒引当金繰入額の計上がありました。（4）暗号資産事業は，暗号資産取引が活況であった前年同期と比較すると，ボラティリティの低下により暗号資産事業の売買代金が大幅に減少したことなどにより低調に推移しました。さらに（5）インキュベーション事業は，保有する投資有価証券の一部売却がありました。

　これらの結果，当連結会計年度における売上高は245,696百万円（前年同期比1.7％増），営業利益は43,746百万円（同6.3％増），経常利益は46,025百万円（同6.1％増）と，14期連続の増収増益となりました。一方，持分法適用関連会社であるGMOあおぞらネット銀行株式会社について，事業KPIは拡大しているものの，成長速度が当初想定を下回る状態が継続し，事業計画との間に乖離が生じたことから当社グループが将来取得することとなる種類株式について契約損

失引当金繰入額を計上いたしました。以上の結果，親会社株主に帰属する当期純利益は13,209百万円（同24.6%減）となりました。

　なお，収益認識に関する会計基準適用による影響額は，売上高の減少30,774百万円，営業利益の増加266百万円であり，従来の会計基準で算定した場合も，増収増益の決算となっております。また，当連結会計年度より，不動産賃貸事業にかかる損益を営業利益段階に計上する方法に変更しております。このため，前連結会計年度についても，変更後の数値に組み替えて比較を行っております。

＜当連結会計年度（2022年1月～12月）セグメント毎の売上高・営業利益の状況＞

（単位：百万円）

	前連結会計年度	当連結会計年度	増減額	増減率
インターネットインフラ事業				
売上高	138,762	150,043	11,281	8.1%
営業利益	19,232	21,986	2,753	14.3%
インターネット広告・メディア事業				
売上高	52,071	34,061	△18,009	△34.6%
営業利益	1,186	2,188	1,001	84.4%
インターネット金融事業				
売上高	33,899	42,552	8,652	25.5%
営業利益	11,715	9,292	△2,422	△20.7%
暗号資産事業				
売上高	20,634	6,212	△14,422	△69.9%
営業利益	9,093	△342	△9,436	―
インキュベーション事業				
売上高	1,570	13,393	11,823	753.1%
営業利益	785	10,095	9,309	―
その他				
売上高	1,758	3,562	1,804	102.7%
営業利益	△554	△239	315	―
調整額				
売上高	△7,084	△4,130	2,954	―
営業利益	△295	765	1,060	―
合計				
売上高	241,612	245,696	4,083	1.7%
営業利益	41,164	43,746	2,581	6.3%

① **インターネットインフラ事業** ··

　当該セグメントにおいては，インターネットビジネスを手掛けるお客様のビジネス基盤となるサービスをワンストップで提供しています。主な商材は，インターネットにおける住所となる「ドメイン」,データを保管するための「サーバー」,ネッ

トショップ導入のためのプラットフォームを提供する「EC支援」，決済システムを提供する「決済」，これら取引の安全を図る「セキュリティ」です。これら5大商材すべてを自社グループ内で開発・提供しており，いずれも国内トップシェアを有しています。この他，個人向けにインターネット接続サービスを提供するアクセス事業を運営しています。当該セグメントの各事業別の業績は下記のとおりです。

　なお，当連結会計年度より，安心安全なインターネットを提供するための認証技術を活用した電子認証，サイバーセキュリティ，商標管理などの今後の事業展開を踏まえ，サブセグメントの名称変更，区分の再構築をおこなっています。すなわち，「電子認証・印鑑事業」を，「セキュリティ事業」へと変更し，「ドメイン事業」に属していたブランドセキュリティ事業を当該事業へ移行しております。このため，前年同期比についても変更後の数値に組み替えて比較を行っております。

1) ドメイン事業

　当該事業は，他のインフラ商材の起点と位置づけており，当社，GMOペパボなどで顧客基盤が着実に拡大しています。当連結会計年度は『.shop』の販売が国内外ともに好調に推移したものの，大口顧客の動向もあり，ドメイン登録・更新数は546万件（前年同期比1.4％減），当連結会計年度末の管理累計ドメイン数は711万件（同1.1％減）となりました。なお，会計基準変更の影響により売上高が483百万円減少しており，これらの結果，売上高は8,975百万円（同11.4％減）となりました。

2) クラウド・ホスティング事業

　当該事業では，お客様の利用ニーズの多様化に対応するため，当社，GMOグローバルサイン・ホールディングス，GMOペパボなどが共用サーバー，専用サーバー，VPS，クラウドの各サービスにおいて多ブランド展開を行っています。個人向けサーバーの販売が堅調に推移し，当連結会計年度末の契約件数は110万件（前年同期比3.4％増），売上高は18,450百万円（同14.0％増）となりました。

3) EC支援事業

　当該事業では，GMOペパボ，GMOメイクショップなどがネットショップ導入

のためのプラットフォームを提供する EC プラットフォーム，CtoC ハンドメイド マーケット『minne』，オリジナルグッズ作成・販売サービス『SUZURI』，O2O 支援サービスなどを展開しています。まず，ECプラットフォームでは，『カラーミーショップ』において月額無料でネットショップを開設できるフリープランの契約件数が増加したことなどにより，当連結会計年度末の有料店舗数は5.7万（前年同期比8.5%減）となったものの，流通総額は4,905億円（同5.0%増）と高価格帯向けの『MakeShop』を中心に堅調に推移しました。また，『minne』では，経済再開の動きを受けた巣ごもり消費の反動がみられ，流通金額は150億円（同0.7%減）となりました。なお，会計基準変更の影響により売上高が2,740百万円減少しており，これらの結果，売上高は15,202百万円（同8.9%減）となりました。

4） セキュリティ事業

当該事業では，GMO グローバルサイン・ホールディングスを中核として展開する SSL サーバー証明書，電子契約サービス『電子印鑑GMO サイン』などの電子認証セキュリティ，GMO サイバーセキュリティ by イエラエで展開するサイバーセキュリティ，そしてGMO ブランドセキュリティで展開するブランドセキュリティなど，すべてのひとに安心安全なインターネットを提供するセキュリティサービスを展開しています。なお，GMO サイバーセキュリティ by イエラエについては当連結会計年度より業績に含めております。SSL サーバー証明書では，セキュリティ向上を目的とした SSLの有効期限短縮（2年更新から1年更新へ）の影響が一巡したことにより順調なトレンドに回帰しています。これらの結果，売上高は12,749百万円（前年同期比78.0%増）となりました。

5） 決済事業

当該事業では，GMO ペイメントゲートウェイを中核として，総合的な決済関連サービスおよび金融関連サービスを提供しています。決済関連サービスは，オンライン課金・継続課金分野における EC 市場の順調な成長に加え，対面分野においてもキャッシュレス決済市場の拡大が進んだことに伴い次世代決済プラットフォーム『stera』端末の販売も増加し，好調に推移しました。金融関連サービスは，後払い型の決済サービス『GMO後払い』の取引高が引き続き伸長しました。これらの結果，決済処理件数・決済処理金額が順調に増大し，売上高は52,372百万

円（前年同期比17.5％増）となりました。

6）　アクセス事業

　当該事業では，当社が個人向けのインターネット接続サービスを提供していま
す。減少幅の大きかったモバイル回線は，製品改善などにより下げ止まり傾向に
あります。また，固定回線も，自社サービスを中心に堅調に推移しました。これ
らの結果，当連結会計年度末の契約回線数は225万件（前年同期比1.2％増）と
なりました。なお，会計基準変更の影響により売上高は3,625百万円減少してお
り，売上高は38,981百万円（同5.3％減）となりました。

　以上，これらを含めたインターネットインフラ事業セグメントの売上高は
150,043百万円（前年同期比8.1％増），営業利益は21,986百万円（同14.3％増）
となりました。なお，収益認識に関する会計基準適用による影響額は，売上高の
減少8,193百万円，営業利益の増加181百万円となりました。

②　インターネット広告・メディア事業 ···

　当該セグメントにおいては，インターネットビジネスを手掛けるお客様の集客
支援サービスを提供しています。当該セグメントの各事業別の業績は下記のとお
りです。

1）　インターネット広告事業

　当該事業では，GMOアドパートナーズ，GMO TECHなどが広告代理，アド
プラットフォームの提供など総合的なネット広告サービスを提供しています。広
告代理では，新型コロナウイルスの感染拡大により落ち込んだ市況の回復が一層
強まったことから，広告需要も堅調に推移しました。また，利益率の高い自社ア
フィリエイト広告も好調に推移しました。一方，スマートフォン向けアドネット
ワーク『AkaNe』，コンテンツ集客に特化した広告配信プラットフォーム（DSP）
『ReeMo』といった自社アドテク商材は，媒体仕入枠の獲得競争によって軟調に
推移する状況が続いています。なお，会計基準変更の影響により，売上高が
22,351百万円減少しており，売上高は18,600百万円（前年同期比45.9％減）
となりました。

2） インターネットメディア事業

　当該事業では，GMOメディアなどが自社メディアの運営を通じた広告枠の提供，集客支援サービスを提供しています。広告単価が堅調に推移したことに加え，PV数の増加があり，広告収益が拡大しました。なお，会計基準変更の影響により売上高が4,455百万円減少しており，売上高は10,320百万円（前年同期比24.4％減）となりました。

　以上，これらを含めたインターネット広告・メディア事業セグメントの売上高は34,061百万円（前年同期比34.6％減），営業利益は2,188百万円（同84.4％増）となりました。なお，収益認識に関する会計基準適用による影響額は，売上高の減少26,807百万円，営業利益の増加84百万円であり，従来の会計基準で算定した場合，増収増益の決算となりました。

③　インターネット金融事業 ···

　当該セグメントにおいては，GMOフィナンシャルホールディングスの連結子会社であるGMOクリック証券を中核として，個人投資家向けのインターネット金融サービスを展開しています。当連結会計年度末における店頭FX取引口座数は，142.6万口座（前年同期比3.9％増），証券取引口座が50.5万口座（同5.4％増），CFD取引口座数は18.5万口座（同12.6％増）と増加しています。店頭FXの取引高は，ドル円相場の急速な円安進行により前年同期比で増加しましたが，カバー取引にかかるコストが増加し収益性の観点では厳しい環境が続きました。また，CFD取引では原油やコモディティ市場におけるボラティリティの上昇を受け売買代金と収益ともに増加しました。一方，タイ王国での証券事業において貸倒引当金繰入額約35億円を計上したことから利益は大幅な減少となりました。

　以上，インターネット金融事業セグメントの売上高は42,552百万円（前年同期比25.5％増），営業利益は9,292百万円（同20.7％減）となりました。

④　暗号資産事業 ···

　当該セグメントにおいては，暗号資産の「マイニング」，「交換」，「決済」に関わる事業を展開しています。当該セグメントの各事業別の業績は下記のとおりで

す。
1) 暗号資産マイニング事業
　当該事業では，マイニングセンターの運営をおこなっています。ハッシュレートの上昇やビットコイン価格の低下などの影響から前年同期比では収益性が大きく低下し，売上高は1,763百万円（前年同期比72.6%減）となりました。
2) 暗号資産交換事業
　当該事業では，GMOフィナンシャルホールディングスの連結子会社であるGMOコインなどが，暗号資産の現物取引，レバレッジ取引などを提供しています。継続的なマーケティング活動を行った結果，当連結会計年度末における取引口座数は，54.7万口座（前年同期比15.3%増）と，顧客基盤が順調に拡大しています。一方，低調な暗号資産市場の動向を受けて売買代金が低下し，活況であった前年同期比より収益が大幅に減少しました。これらの結果，売上高は4,150百万円（同69.0%減）となりました。

　以上，これらを含めた暗号資産事業セグメントの売上高は6,212百万円（前年同期比69.9%減），営業損失は342百万円（前年同期は9,093百万円の営業利益）となりました。

⑤　インキュベーション事業 ··

　当該セグメントにおいては，GMOベンチャーパートナーズを中核として，キャピタルゲインを目的とした国内外のインターネット関連企業への投資，事業拡大への支援，企業価値向上支援を行なっています。保有する海外の投資有価証券の一部売却があり，売上高は13,393百万円（前年同期比753.1%増），営業利益は10,095百万円（前年同期は785百万円の営業利益）となりました。

（財政状態の状況）
（資産）
　当連結会計年度末（2022年12月31日）における資産合計は，前連結会計年度末（2021年12月31日）に比べ123,804百万円増加し，1,542,740百万円となっております。主たる変動要因は，現金及び預金が101,834百万円増加，証券業

等における顧客資産の変動により諸資産（証券業等における預託金・証券業等における信用取引資産・証券業等における有価証券担保貸付金・証券業等における短期差入保証金・証券業等における支払差金勘定）が49,212百万円増加，利用者暗号資産が54,221百万円減少したことであります。

（負債）

当連結会計年度末における負債合計は，109,518百万円増加し，1,388,051百万円となっております。主たる変動要因は，短期借入金が37,858百万円増加，長期借入金（1年内返済予定の長期借入金を含む）が52,858百万円増加，証券業等における顧客資産の変動により諸負債（証券業等における預り金・証券業等における信用取引負債・証券業等における受入保証金・証券業等における受取差金勘定・証券業等における有価証券担保借入金）が48,033百万円増加，預り暗号資産が54,427百万円減少したことであります。

（純資産）

当連結会計年度末における純資産合計は，14,286百万円増加し，154,688百万円となっております。主たる変動要因は，利益剰余金が1,974百万円増加（親会社株主に帰属する当期純利益の計上により13,209百万円の増加，配当金の支払いにより6,466百万円の減少，収益認識会計基準の適用に伴い期首利益剰余金が2,416百万円の減少），非支配株主持分が15,666百万円増加，自己株式の取得及び消却により4,482百万円減少，為替換算調整勘定が2,297百万円増加したことであります。

（キャッシュ・フローの状況）

当連結会計年度末（2022年12月31日）における現金及び現金同等物は，前連結会計年度末（2021年12月31日）に比べ88,187百万円増加し，322,229百万円となっております。当連結会計年度における各キャッシュ・フローの状況は次のとおりです。

（営業活動によるキャッシュ・フロー）

営業活動においては，25,641百万円の資金流入（前年同期は23,783百万円の資金流出）となりました。これは主に，税金等調整前当期純利益57,660百万円の計上，預り金の増加により11,742百万円の資金流入があった一方，投資有価

証券売却益21,127百万円の計上による減少，法人税等の支払により18,697百万円の資金流出があったことによるものです。

（投資活動によるキャッシュ・フロー）

　投資活動においては，2,828百万円の資金流出（前年同期は51,765百万円の資金流出）となりました。これは主に，投資有価証券の売却により24,509百万円の資金流入があった一方，定期預金の預入により10,813百万円，連結の範囲の変更を伴う子会社株式の取得により6,561百万円，無形固定資産の取得により6,085百万円，有形固定資産の取得により4,316百万円の資金流出があったことによるものです。

（財務活動によるキャッシュ・フロー）

　財務活動においては，62,442百万円の資金流入（前年同期は89,889百万円の資金流入）となりました。これは主に，長期借入金の返済による支出により10,262百万円，配当金の支払により6,467百万円，非支配株主への配当金の支払により9,209百万円，自己株式の取得による支出により7,517百万円の資金流出があった一方，長期借入による収入により62,270百万円，短期借入金の増減により34,187百万円の資金流入があったことによるものです。

（生産，受注及び販売の状況）

（1）　生産実績 ··

　該当事項はありません。

（2）　仕入実績 ··

セグメントの名称	仕入高（百万円）	前年同期比（%）
インターネットインフラ事業	1,786	157.0
インターネット広告・メディア事業	11,455	36.0
インターネット金融事業	－	－
暗号資産事業	－	－
インキュベーション事業	－	－
その他	－	－
合計	13,242	40.2

（注）1．セグメント間の取引については相殺消去しております。

2. 当連結会計年度の期首より、「収益認識に関する会計基準」（企業会計基準第29号2020年3月31日）等を適用しております。そのため、当連結会計年度における仕入実績については、当該会計基準等を適用した後の指標等となっております。

(3) 受注実績 ··

セグメントの名称	受注高(百万円)	前年同期比(%)	受注残高(百万円)	前年同期比(%)
インターネットインフラ事業	2,807	182.0	1,481	173.3
インターネット広告・メディア事業	19,724	56.5	52	2.1
インターネット金融事業	－	－	－	－
暗号資産事業	－	－	－	－
インキュベーション事業	－	－	－	－
その他	－	－	－	－
合計	22,532	61.8	1,534	45.3

(注) 1. セグメント間の取引については相殺消去しております。

2. 当連結会計年度の期首より、「収益認識に関する会計基準」（企業会計基準第29号2020年3月31日）等を適用しております。そのため、当連結会計年度における受注実績については、当該会計基準等を適用した後の指標等となっております。

(4) 販売実績 ··

セグメントの名称	販売高(百万円)	前年同期比(%)
インターネットインフラ事業	148,686	108.1
インターネット広告・メディア事業	31,642	68.1
インターネット金融事業	42,552	125.5
暗号資産事業	6,212	30.1
インキュベーション事業	13,393	853.1
その他	3,209	219.0
合計	245,696	101.7

(注) 1. セグメント間の取引は相殺消去しております。

2. 当連結会計年度の期首より、「収益認識に関する会計基準」（企業会計基準第29号2020年3月31日）等を適用しております。そのため、当連結会計年度における販売実績については、当該会計基準等を適用した後の指標等となっております。

3. 主な販売先については、総販売実績の100分の10以上の販売先がないため記載を省略しております。

（経営者の視点による経営成績等の状況に関する分析・検討内容）.................
（1）　重要な会計方針及び見積り..

　当社グループの連結財務諸表は，わが国において一般に公正妥当と認められている会計基準に基づき作成しております。この連結財務諸表を作成するにあたって，資産，負債，収益及び費用の報告額に影響を及ぼす見積り及び仮定を用いておりますが，これらの見積り及び仮定に基づく数値は実際の結果と異なる可能性があります。

　連結財務諸表の作成にあたって用いた会計上の見積り及び仮定のうち，重要なものは「第5経理の状況1連結財務諸表等（1）連結財務諸表注記事項（重要な会計上の見積り）」に記載のとおりであります。

（2）　当連結会計年度の経営成績の分析...
①　売上高

　当連結会計年度における売上高は，前年同期比で4,083百万円増加し245,696百万円（1.7％増）となりました。具体的な内容につきましては「第2事業の状況3経営者による財政状態，経営成績及びキャッシュ・フローの状況の分析（経営成績の状況）」をご参照ください。

②　営業費用（売上原価，販売費及び一般管理費）

　当連結会計年度における営業費用は，前年同期比で1,502百万円増加し，201,949百万円（0.7％増）となりました。

　売上原価は，前年同期比で16,919百万円減少し，95,809百万円（15.0％減）となっています。

　販売費及び一般管理費は，前年同期比で18,421百万円増加し，106,139百万円（21.0％増）となりました。主な項目は以下のとおりです。

　人件費（給与および賞与）は，前年同期比2,528百万円増加し，27,560百万円（10.1％増）となりました。なお，当連結会計年度末における当社グループの従業員数は6,159人（7.0％増）とGMOサイバーセキュリティ byイエラエ株式会社が連結子会社となったことによる影響もあり増加いたしました。

　貸倒引当金繰入額は，前年同期比4,133百万円増加し，6,589百万円（168.3％

増)となりました。タイ王国で証券事業を展開している連結子会社において，3,527百万円の計上がありました。詳細は「第5経理の状況1連結財務諸表等（1）連結財務諸表注記事項（追加情報）（連結子会社における貸倒引当金の計上）」に記載のとおりであります。

③　営業外損益

当連結会計年度における営業外収益は前年同期比1,105百万円増加し，5,128百万円，営業外費用は同1,056百万円増加し，2,850百万円となりました。営業外収益では，受取配当金が前年同期比342百万円増加し，1,099百万円（45.2%増）の計上，営業外費用では，当期にデリバティブ損失が648百万円の計上がありました。

④　特別損益

当連結会計年度における特別利益は前年同期比21,047百万円増加し，22,187百万円，特別損失は同9,734百万円増加し，10,552百万円となりました。特別利益では，主に持分法適用関連会社であった2C2P Pte.Ltd.の全株式を譲渡したことにより投資有価証券売却益で21,127百万円の計上，特別損失では，GMOあおぞらネット銀行株式会社株式に関連する契約損失引当金繰入額で6,341百万円，減損損失で3,290百万円の計上がありました。

⑤　法人税等

当連結会計年度における法人税等は前年同期比2,708百万円増の17,967百万円となりました。

⑥　非支配株主に帰属する当期純利益

当連結会計年度における非支配株主に帰属する当期純利益は前年同期比15,554百万円増の26,482百万円（142.3%増）となりました。主に上場子会社各社の利益が好調に推移しております。

⑦　親会社株主に帰属する当期純利益

以上，親会社株主に帰属する当期純利益は，前年同期比4,318百万円減の13,209百万円（24.6%減）となりました。

（3） 資本の財源及び資金の流動性についての分析 ·····························

① キャッシュ・フローの状況の分析

　キャッシュ・フローの状況につきましては，「第2事業の状況3経営者による財政状態，経営成績及びキャッシュ・フローの状況の分析」に記載のとおりであります。なお，キャッシュ・フロー指標のトレンドは以下のとおりであります。

	2018年12月期	2019年12月期	2020年12月期	2021年12月期	2022年12月期
自己資本比率(%)	7.0	6.2	4.8	5.2	4.7
時価ベースの自己資本比率(%)	22.5	27.0	31.3	21.4	17.1
キャッシュ・フロー対有利子負債比率(年)	8.7	17.8	4.8	－	15.4
インタレスト・カバレッジ・レシオ(倍)	19.3	9.6	33.5	－	10.2

(注) 1. いずれも連結ベースの財務数値により計算しています。
　　 2. 株式時価総額は自己株式を除く発行済株式数をベースに計算しています。
　　 3. キャッシュ・フローは，営業キャッシュ・フローを利用しています。
　　 4. 有利子負債は連結貸借対照表に計上されている負債のうち利子を支払っている全ての負債を対象としています。
　　 5. 2021年12月期は営業キャッシュ・フローがマイナスのため，キャッシュ・フロー対有利子負債比率及びインタレスト・カバレッジ・レシオは記載しておりません。

② 財務政策

　当社グループは，流動性リスクの低減のため，市場環境や長短のバランスを勘案して，金融機関からの借入やリース等による間接調達のほか，社債の発行等の直接調達を行い，資金調達手段の多様化を図っております。また，余剰資金に関しては，流動性の高い金融資産で運用しております。

　当連結会計年度末における主な有利子負債（インターネット金融事業固有の勘定は除く）は前年同期比で96,497百万円増加し391,161百万円（32.7%増）となっております。内訳は，金融機関からの短期借入金201,324百万円，長期借入金（1年以内返済予定分を含む）118,067百万円，社債51,000百万円及び転換社債型新株予約権付社債20,770百万円となっております。

設備の状況

1 設備投資等の概要

　当社グループの設備において，ソフトウエアは重要な設備であるため，以下，有形固定資産のほか無形固定資産のうちソフトウェアを含めて設備の状況を記載しております。

　当連結会計年度における設備投資の金額は，インターネットインフラ事業において7,610百万円，インターネット広告・メディア事業において258百万円，インターネット金融事業において2,282百万円，暗号資産事業において14百万円及びその他事業において235百万円となっております。

2 主要な設備の状況

(1) 提出会社 ･･

2022年12月31日現在

事業所名 (所在地)	セグメントの名称	設備の内容	帳簿価額（百万円）						従業員数 (名)
			建物及び構築物	工具、器具及び備品	土地 (面積㎡)	ソフトウエア	リース資産	合計	
本社 (東京都渋谷区)	インターネットインフラ事業	サーバー関連及び付随品等	3,031	3,031	‒	683	3,540	10,286	764
賃貸事業用設備 セルリアンタワー (東京都渋谷区)	その他事業	賃貸不動産	799	‒	4,092 (469)	‒	‒	4,891	‒
賃貸事業用設備 世田谷ビジネススクエア GMOインターネットTOWER (東京都世田谷区)	その他事業	賃貸不動産	7,104	1	16,413 (11,723)	‒	‒	23,520	‒

（注）1　本社社屋は，連結会社以外から賃借しており，その一部を連結子会社等へ賃貸しております。

　　　2　セルリアンタワー，世田谷ビジネススクエアGMOインターネットTOWERは主に不動産信託受益権であります。なお，建物及び構築物，土地は共同所有であり，土地については当社持分面積を記載しております。

　　　3　上記の他，主要な賃借物件は次の通りであります。

　　　賃借物件

事業所名 (所在地)	セグメントの名称	設備の内容	建物賃借 床面積（㎡）	年間賃借料 (百万円)
本社 (東京都渋谷区)	インターネットインフラ事業	本社事務所 第2本社事務所	6,753.00 4,375.70	829 564

（2） 国内子会社

会社名	事業所名 (所在地)	セグメント名称	設備の 内容	帳簿価額（百万円）				従業員 数 (名)
				建物及 び構築 物	工具、 器具及 び備品	ソフト ウェア	合計	
GMOグローバルサイン・ホールディングス株式会社	本社 (東京都渋谷区)	インターネット インフラ事業	サーバー関連及 び付随品等	9	106	183	299	232
GMOペイメントゲートウェイ株式会社	本社 (東京都渋谷区)	インターネット インフラ事業	本社内部造作、 情報機器及びソ フトウェア	164	398	2,748	3,310	578
GMOペパボ株式会社	本社 (東京都渋谷区)	インターネット インフラ事業	サーバー、自社 利用ソフトウェ ア等	30	52	309	392	198
GMOフィナンシャルゲート株式会社	本社 (東京都渋谷区)	インターネット インフラ事業	情報機器及びソ フトウェア	15	34	822	872	79
GMOアドパートナーズ株式会社	本社 (東京都渋谷区)	インターネット広 告・メディア事業	本社機能	214	35	60	309	52
GMOリサーチ株式会社	本社 (東京都渋谷区)	インターネット広 告・メディア事業	ネットワーク関 連設備、ソフト ウェア等	1	5	167	175	116
GMOフィナンシャルホールディングス株式会社	本社 (東京都渋谷区)	インターネット金 融事業	本社機能 システム関連事 業等	417	488	885	1,791	152

3　設備の新設，除却等の計画

　当連結会計年度末現在における重要な設備の新設，除却等の計画は，経常的な設備更新及びそれに伴う除売却を除きありません。

提出会社の状況

1 株式等の状況

(1) 株式の総数等 ···

① 株式の総数

種類	発行可能株式総数(株)
普通株式	270,000,000
第1種優先株式	130,000,000
計	400,000,000

② 発行済株式

種類	事業年度末現在 発行数(株) (2022年12月31日)	提出日現在 発行数(株) (2023年3月27日)	上場金融商品取引所 名又は登録認可金融 商品取引業協会名	内容
普通株式	110,704,401	110,113,337	東京証券取引所 プライム市場	単元株式数 100株
計	110,704,401	110,113,337	―	―

(注) 2009年3月26日開催の当社第18期定時株主総会において変更した定款に，第1種優先株式を発行することができる旨規定しておりますが，この有価証券報告書提出日現在，発行した第1種優先株式はありません。なお，当社定款に規定している第1種優先株式の内容は次のとおりであります。

第1種優先配当等（定款第14条関係）

1. 当会社は，毎事業年度の末日の最終の株主名簿に記載または記録されている株主または登録株式質権者に対して剰余金の配当（以下「期末配当」という。）をするときは，当該末日の最終の株主名簿に記載または記録されている第1種優先株式を有する株主（以下「第1種優先株主」という。）または第1種優先株式の登録株式質権者（以下「第1種優先登録株式質権者」という。）に対して，普通株式を有する株主（以下「普通株主」という。）および普通株式の登録株式質権者（以下「普通登録株式質権者」という。）に先立ち，第1種優先株式1株につき，第1種優先株式の発行に先立って取締役会の決議で定める額の金銭（ただし，当該期末配当の基準日の属する事業年度中に定められた基準日により第1種優先株主または第1種優先登録株式質権者に対して第4項に従い剰余金の配当を金銭にてしたときは，第1種優先株式1株につき行った剰余金の配当の額を控除した額（ただし，ゼロを下回る場合はゼロ）の金銭。以下「第1種優先配当金」という。）を支払う。（以下略）

経理の状況

1　連結財務諸表及び財務諸表の作成方法について ‥‥‥‥‥‥‥‥‥‥‥‥‥‥‥

(1)　当社の連結財務諸表は，「連結財務諸表の用語，様式及び作成方法に関する規則」（1976年大蔵省令第28号。以下「連結財務諸表規則」という。）並びに同規則第46条及び第68条の規定に基づき，「金融商品取引業等に関する内閣府令」（平成19年内閣府令第52号），及び「有価証券関連業経理の統一に関する規則」（昭和49年11月14日付日本証券業協会自主規制規則）に基づいて作成しております。

(2)　当社の財務諸表は，「財務諸表等の用語，様式及び作成方法に関する規則」（1963年大蔵省令第59号。以下「財務諸表等規則」という。）に基づいて作成しております。

　なお，当社は，特例財務諸表提出会社に該当し，財務諸表等規則第127条の規定により財務諸表を作成しております。

2　監査証明について ‥‥‥‥‥‥‥‥‥‥‥‥‥‥‥‥‥‥‥‥‥‥‥‥‥‥‥‥‥‥

　当社は，金融商品取引法第193条の2第1項の規定に基づき，連結会計年度（2022年1月1日から2022年12月31日まで）及び事業年度（2022年1月1日から2022年12月31日まで）の連結財務諸表及び財務諸表については，EY新日本有限責任監査法人により監査を受けております。なお，当社の監査法人は次のとおり交代しております。

　第31期連結会計年度有限責任監査法人トーマツ

　第32期連結会計年度EY新日本有限責任監査法人

3　連結財務諸表等の適正性を確保するための特段の取り組みについて ‥‥‥‥‥

　当社は，連結財務諸表等の適正性を確保するための特段の取組みを行っております。具体的には，会計基準等の内容を適切に把握できる体制を整備するため，公益財団法人財務会計基準機構へ加入しております。また，各種研修に参加しております。

（1） 連結財務諸表 ···

① 連結貸借対照表

（単位：百万円）

		前連結会計年度 （2021年12月31日）		当連結会計年度 （2022年12月31日）	
資産の部					
流動資産					
現金及び預金		※4	240,136	※4	341,970
受取手形、売掛金及び契約資産			－	※1	33,963
受取手形及び売掛金		※1	27,382		－
営業投資有価証券			8,449		11,721
自己保有暗号資産			16,296		4,730
利用者暗号資産			115,973		61,751
証券業等における預託金			478,489		486,478
証券業等における信用取引資産			134,732		143,065
証券業等における有価証券担保貸付金			9,626		12,695
証券業等における短期差入保証金			67,862		73,975
証券業等における支払差金勘定			70,512		94,219
その他			127,359		152,029
貸倒引当金			△3,835		△8,590
流動資産合計			1,292,984		1,408,015
固定資産					
有形固定資産					
建物及び構築物（純額）		※2,※4	13,584	※2,※4	13,871
工具、器具及び備品（純額）		※2,※4	6,046	※2,※4	6,242
土地		※4	20,781	※4	20,805
リース資産（純額）		※2	3,526	※2	3,959
その他（純額）		※2	850	※2	944
有形固定資産合計			44,788		45,825
無形固定資産					
のれん			14,251		17,708
ソフトウエア			10,181		11,472
その他			15,132		16,756
無形固定資産合計			39,566		45,936
投資その他の資産					
投資有価証券		※3	28,605	※3	29,780
繰延税金資産			2,328		4,053
その他		※4	11,362	※4	9,791
貸倒引当金			△699		△662
投資その他の資産合計			41,597		42,963
固定資産合計			125,952		134,725
資産合計			1,418,936		1,542,740

	前連結会計年度 （2021年12月31日）	当連結会計年度 （2022年12月31日）
負債の部		
流動負債		
支払手形及び買掛金	※4　11,921	※4　14,430
短期借入金	※4、※9　163,465	※4、※9　201,324
1年内返済予定の長期借入金	※4　9,530	※4　20,693
未払金	※4　45,228	※4　47,075
預り暗号資産	116,161	61,734
証券業等における預り金	55,392	53,573
証券業等における信用取引負債	30,554	35,929
証券業等における受入保証金	519,131	554,407
証券業等における受取差金勘定	7,677	11,259
証券業等における有価証券担保借入金	20,614	26,233
未払法人税等	4,731	7,324
賞与引当金	2,918	2,293
役員賞与引当金	1,452	657
契約損失引当金	–	6,341
前受金	11,082	3,195
契約負債		18,314
預り金	110,817	122,657
その他	34,272	20,202
流動負債合計	1,144,982	1,207,649
固定負債		
社債	45,000	51,000
転換社債型新株予約権付社債	20,990	20,770
長期借入金	※4　55,678	※4　97,373
繰延税金負債	1,568	1,319
その他	※4　9,390	※4　8,988
固定負債合計	132,627	179,451
特別法上の準備金		
金融商品取引責任準備金	※8　924	※8　949
特別法上の準備金合計	924	949
負債合計	1,278,533	1,388,051
純資産の部		
株主資本		
資本金	5,000	5,000
資本剰余金	34,328	33,280
利益剰余金	35,756	37,730
自己株式	△5,684	△10,166
株主資本合計	69,400	65,843
その他の包括利益累計額		
その他有価証券評価差額金	3,559	3,397
繰延ヘッジ損益	–	48
為替換算調整勘定	588	2,886
その他の包括利益累計額合計	4,147	6,332
新株予約権	52	43
非支配株主持分	66,802	82,469
純資産合計	140,402	154,688
負債純資産合計	1,418,936	1,542,740

② 連結損益計算書及び連結包括利益計算書

連結損益計算書

	前連結会計年度 (自 2021年1月1日 至 2021年12月31日)	当連結会計年度 (自 2022年1月1日 至 2022年12月31日)
売上高	241,612	※1 245,696
売上原価	112,729	95,809
売上総利益	128,883	149,886
販売費及び一般管理費	※2,※3 87,718	※2,※3 106,139
営業利益	41,164	43,746
営業外収益		
受取利息	231	584
受取配当金	757	1,099
為替差益	1,540	1,371
投資事業組合運用益	462	195
預り金精算益	193	–
その他	837	1,877
営業外収益合計	4,023	5,128
営業外費用		
支払利息	500	922
支払手数料	76	477
持分法による投資損失	693	414
社債発行費	267	32
デリバティブ損失	–	648
その他	256	354
営業外費用合計	1,794	2,850
経常利益	43,393	46,025
特別利益		
投資有価証券売却益	649	※4 21,127
金融商品取引責任準備金戻入額	268	–
その他	221	1,060
特別利益合計	1,139	22,187
特別損失		
投資有価証券評価損	30	507
減損損失	※5 725	※5 3,290
契約損失引当金繰入額	–	※6 6,341
金融商品取引責任準備金繰入額	–	25
その他	62	386
特別損失合計	818	10,552
税金等調整前当期純利益	43,715	57,660
法人税、住民税及び事業税	13,737	19,498
法人税等調整額	1,521	△1,530
法人税等合計	15,259	17,967
当期純利益	28,456	39,692
非支配株主に帰属する当期純利益	10,928	26,482
親会社株主に帰属する当期純利益	17,527	13,209

連結包括利益計算書

(単位：百万円)

	前連結会計年度 (自 2021年1月1日 至 2021年12月31日)	当連結会計年度 (自 2022年1月1日 至 2022年12月31日)
当期純利益	28,456	39,692
その他の包括利益		
その他有価証券評価差額金	2,231	△1,192
繰延ヘッジ損益	9	69
為替換算調整勘定	1,281	4,464
持分法適用会社に対する持分相当額	29	△250
その他の包括利益合計	※ 3,552	※ 3,090
包括利益	32,008	42,783
(内訳)		
親会社株主に係る包括利益	20,937	15,394
非支配株主に係る包括利益	11,071	27,389

③ 連結株主資本等変動計算書

前連結会計年度（自 2021年1月1日 至 2021年12月31日）

（単位：百万円）

	株主資本				
	資本金	資本剰余金	利益剰余金	自己株式	株主資本合計
当期首残高	5,000	27,574	26,959	△9,366	50,167
会計方針の変更による累積的影響額					－
会計方針の変更を反映した当期首残高	5,000	27,574	26,959	△9,366	50,167
当期変動額					
剰余金の配当			△5,562		△5,562
親会社株主に帰属する当期純利益			17,527		17,527
自己株式の取得				△1,903	△1,903
自己株式の消却		△3,168		3,168	
自己株式の処分		680		2,417	3,097
利益剰余金から資本剰余金への振替		3,168	△3,168		－
非支配株主との取引に係る親会社の持分変動		6,072			6,072
株主資本以外の項目の当期変動額（純額）					－
当期変動額合計	－	6,753	8,796	3,682	19,232
当期末残高	5,000	34,328	35,756	△5,684	69,400

	その他の包括利益累計額				新株予約権	非支配株主持分	純資産合計
	その他有価証券評価差額金	繰延ヘッジ損益	為替換算調整勘定	その他の包括利益累計額合計			
当期首残高	1,184	△9	△437	738	67	49,140	100,114
会計方針の変更による累積的影響額							－
会計方針の変更を反映した当期首残高	1,184	△9	△437	738	67	49,140	100,114
当期変動額							
剰余金の配当							△5,562
親会社株主に帰属する当期純利益							17,527
自己株式の取得							△1,903
自己株式の消却							
自己株式の処分							3,097
利益剰余金から資本剰余金への振替							－
非支配株主との取引に係る親会社の持分変動							6,072
株主資本以外の項目の当期変動額（純額）	2,374	9	1,025	3,409	△15	17,661	21,055
当期変動額合計	2,374	9	1,025	3,409	△15	17,661	40,288
当期末残高	3,559	－	588	4,147	52	66,802	140,402

当連結会計年度（自　2022年1月1日　至　2022年12月31日）

（単位：百万円）

| | 株主資本 | | | | |
	資本金	資本剰余金	利益剰余金	自己株式	株主資本合計
当期首残高	5,000	34,328	35,756	△5,684	69,400
会計方針の変更による累積的影響額			△2,416		△2,416
会計方針の変更を反映した当期首残高	5,000	34,328	33,340	△5,684	66,984
当期変動額					
剰余金の配当			△6,466		△6,466
親会社株主に帰属する当期純利益			13,209		13,209
自己株式の取得				△7,515	△7,515
自己株式の消却		△3,032		3,032	－
自己株式の処分					－
利益剰余金から資本剰余金への振替		2,352	△2,352		－
非支配株主との取引に係る親会社の持分変動		△367			△367
株主資本以外の項目の当期変動額（純額）					
当期変動額合計	－	△1,048	4,390	△4,482	△1,140
当期末残高	5,000	33,280	37,730	△10,166	65,843

| | その他の包括利益累計額 | | | | 新株予約権 | 非支配株主持分 | 純資産合計 |
	その他有価証券評価差額金	繰延ヘッジ損益	為替換算調整勘定	その他の包括利益累計額合計			
当期首残高	3,559	－	588	4,147	52	66,802	140,402
会計方針の変更による累積的影響額							△2,416
会計方針の変更を反映した当期首残高	3,559	－	588	4,147	52	66,802	137,986
当期変動額							
剰余金の配当							△6,466
親会社株主に帰属する当期純利益							13,209
自己株式の取得							△7,515
自己株式の消却							－
自己株式の処分							－
利益剰余金から資本剰余金への振替							
非支配株主との取引に係る親会社の持分変動							△367
株主資本以外の項目の当期変動額（純額）	△161	48	2,297	2,184	△8	15,666	17,842
当期変動額合計	△161	48	2,297	2,184	△8	15,666	16,702
当期末残高	3,397	48	2,886	6,332	43	82,469	154,688

④ 連結キャッシュ・フロー計算書

(単位：百万円)

	前連結会計年度 （自 2021年1月1日 至 2021年12月31日）	当連結会計年度 （自 2022年1月1日 至 2022年12月31日）
営業活動によるキャッシュ・フロー		
税金等調整前当期純利益	43,715	57,660
減価償却費	8,817	11,339
減損損失	725	3,290
のれん償却額	699	2,327
受取利息及び受取配当金	△989	△1,683
支払利息	500	2,480
デリバティブ損益（△は益）	－	648
支払手数料	76	477
社債発行費	267	32
持分法による投資損益（△は益）	693	414
投資事業組合運用損益（△は益）	△462	△195
投資有価証券評価損益（△は益）	30	507
投資有価証券売却損益（△は益）	△1,033	△21,127
貸倒引当金の増減額（△は減少）	482	4,705
金融商品取引責任準備金の増減額（△は減少）	△268	25
賞与引当金の増減額（△は減少）	622	△1,607
契約損失引当金の増減額（△は減少）		6,341
売上債権の増減額（△は増加）	△2,361	2,110
仕入債務の増減額（△は減少）	△5,089	△9,230
未払金の増減額（△は減少）	3,848	844
預り金の増減額（△は減少）	3,202	11,742
証券業等における預託金の増減額（△は増加）	△12,599	△7,989
証券業等における差入保証金の増減額（△は増加）	△6,059	△6,113
証券業等における支払差金勘定及び受取差金勘定の増減額	628	△20,125
証券業等における預り金及び受入保証金の増減額（△は減少）	6,668	33,457
証券業等における信用取引資産及び信用取引負債の増減額	△31,941	△2,957
証券業等における有価証券担保借入金の増減額（△は減少）	△956	5,619
証券業等における有価証券担保貸付金の増減額（△は増加）	77	△3,069
自己保有暗号資産の増減額（△は増加）	△6,834	11,565
その他	△10,824	△35,748
小計	△8,362	45,741
利息及び配当金の受取額	724	1,115
利息の支払額	△1,548	△2,518
法人税等の支払額	△14,597	△18,697
営業活動によるキャッシュ・フロー	△23,783	25,641

	前連結会計年度 （自 2021年1月1日 至 2021年12月31日）	当連結会計年度 （自 2022年1月1日 至 2022年12月31日）
投資活動によるキャッシュ・フロー		
定期預金の預入による支出	△2,438	△10,813
定期預金の払戻による収入	2,061	2,279
有形固定資産の取得による支出	△33,082	△4,316
無形固定資産の取得による支出	△3,806	△6,085
投資有価証券の取得による支出	△9,955	△3,938
投資有価証券の売却による収入	11,191	24,509
貸付けによる支出	△5	△1,305
貸付金の回収による収入	67	1,621
差入保証金の差入による支出	△5,862	△5,489
差入保証金の回収による収入	5,951	7,087
連結の範囲の変更を伴う子会社株式の取得による支出	※1 △16,066	※1 △6,561
連結の範囲の変更を伴う子会社株式の取得による収入	※1 35	212
その他	145	△28
投資活動によるキャッシュ・フロー	△51,765	△2,828
財務活動によるキャッシュ・フロー		
短期借入金の純増減額（△は減少）	△6,121	34,187
長期借入れによる収入	79,328	62,270
長期借入金の返済による支出	△36,524	△10,262
自己株式の取得による支出	△1,904	△7,517
子会社の自己株式の取得による支出	△168	△201
社債の発行による収入	44,808	5,967
転換社債型新株予約権付社債の発行による収入	21,023	－
セールアンド割賦バックによる収入	993	－
割賦債務及びリース債務の返済による支出	△1,029	△1,785
組合員からの払込による収入	877	2,281
組合員への払戻による支出	△198	△7,036
非支配株主からの払込みによる収入	273	344
配当金の支払額	△5,558	△6,467
非支配株主への配当金の支払額	△5,452	△9,209
連結の範囲の変更を伴わない子会社株式の取得による支出	△458	△127
財務活動によるキャッシュ・フロー	89,889	62,442
現金及び現金同等物に係る換算差額	1,023	2,933
現金及び現金同等物の増減額（△は減少）	15,364	88,187
現金及び現金同等物の期首残高	218,676	234,041
現金及び現金同等物の期末残高	※2 234,041	※2 322,229

【注記事項】
（連結財務諸表作成のための基本となる重要な事項）

1　連結の範囲に関する事項 ···

（1）　**連結子会社の数　109社（うち5組合）**·························

　主要な連結子会社の名称

　　GMOアドパートナーズ（株）

　　GMOグローバルサイン・ホールディングス（株）

　　GMOペイメントゲートウェイ（株）

　　GMOペパボ（株）

　　GMOフィナンシャルホールディングス（株）

　　GMO TECH（株）

　　GMOリサーチ（株）

　　GMOメディア（株）

　　GMOフィナンシャルゲート（株）

　なお，GMOサイバーセキュリティ byイエラエ株式会社，GMO ENGINE株式会社，他5社は株式を新規取得したことにより，GMO Web3株式会社，GMOビジネスサポート株式会社，他2社は設立したことにより，当連結会計年度より連結の範囲に含めております。また，GMOライブゲームス株式会社，GMOシステムコンサルティング株式会社，他6社は連結グループ内で吸収合併等したことにより，連結の範囲から除外しております。

（2）　**主要な非連結子会社名** ···

　　パテントインキュベーションキャピタル（株）

　連結の範囲から除いた理由

　　非連結子会社22社は，いずれも小規模であり，合計の総資産，売上高，当期純損益（持分に見合う額）及び利益剰余金（持分に見合う額）等は，いずれも連結財務諸表に重要な影響を及ぼしていないためであります。

2 持分法の適用に関する事項 ……………………………………………………

(1) 持分法を適用した関連会社数3社 ……………………………………………

　主要な持分法適用関連会社の名称

　　GMOあおぞらネット銀行（株）

　　なお，2C2P Pte.Ltd.については，当連結会計年度において全株式を譲渡したことにより，持分法適用の範囲から除外しております。

(2) 持分法を適用しない非連結子会社及び関連会社のうち主要な会社等の名称

　　パテントインキュベーションキャピタル（株）

　　非連結子会社22社及び関連会社4社（（株）ヒューメイアレジストリ他3社）は当期純損益（持分に見合う額）及び利益剰余金（持分に見合う額）等に及ぼす影響が軽微であり，かつ，全体としても重要性がないため，持分法の適用範囲から除外しております。

3 連結子会社の事業年度等に関する事項 ……………………………………

　連結子会社の決算日が連結決算日と異なる会社は以下のとおりであります。

　（決算日が9月30日の会社）

　GMOペイメントゲートウェイ（株）

　GMOイプシロン（株）

　GMOフィナンシャルゲート（株）他12社

　（決算日が3月31日の会社）

　GMOGlobalsign Certificate Services Private Limited（株）他3社

　（決算日が5月31日の会社）

　GMOVenturePartners4投資事業有限責任組合他3社

　（決算日が7月31日の会社）

　GMO ENGINE（株）他1社

　（決算日が8月31日の会社）

　（株）BLU E ONE

　（決算日が11月30日の会社）

（株）EN

連結財務諸表の作成にあたっては，連結決算日現在で実施した仮決算に基づく財務諸表を使用しております。

4　会計方針に関する事項 ･･

（1）　重要な資産の評価基準及び評価方法 ････････････････････････････

①　有価証券

その他有価証券（営業投資有価証券を含む）

市場価格のない株式等以外のもの

時価法（評価差額は全部純資産直入法により処理し，売却原価は移動平均法により算定）を採用しております。

市場価格のない株式等

主として移動平均法による原価法を採用しております。

なお，投資事業組合及びこれに類する組合への出資（金融商品取引法第2条第2項により有価証券とみなされるもの）については，組合契約に規定される決算報告日に応じて入手可能な最近の決算書を基礎とし，持分相当額を純額で取り込む方法によっております。

②　デリバティブ

時価法を採用しております。

（2）　重要な固定資産の減価償却の方法 ･･････････････････････････････

①　有形固定資産（リース資産を除く）

定率法を採用しております。ただし，2016年4月1日以降に取得した建物附属設備については，定額法を採用しております。

なお，主な耐用年数は以下のとおりであります。

建物及び構築物　　　　　3～53年

工具，器具及び備品　　　2～20年

②　無形固定資産（リース資産及びのれんを除く）

定額法を採用しております。ただし，ソフトウエア（自社利用）については社

内における利用可能期間（主として5年）に基づく定額法を採用しております。また，顧客関連資産の償却年数についてはその効果の及ぶ期間（5～15年）に基づく定額法を採用しております。

③ **リース資産**

所有権移転外ファイナンス・リース取引

リース期間を耐用年数とし，残存価額をゼロとする定額法によっております。

（3） 重要な引当金の計上基準 ･･･

① **貸倒引当金**

債権の貸倒れによる損失に備えるため，一般債権については貸倒実績率により，貸倒懸念債権等特定の債権については個別に回収可能性を勘案し，回収不能見込額を計上しております。

② **賞与引当金**

従業員に対して支給する賞与の支出に充てるため，支給見込額に基づき当連結会計年度に見合う分を計上しております。

③ **役員賞与引当金**

役員に対して支給する賞与の支出に備えて，当連結会計年度に見合う支給見込額に基づき計上しております。

④ **契約損失引当金**

将来の契約履行に伴い発生する可能性のある損失に備えるため，合理的に算出した損失見込額を計上しております。

⑤ **金融商品取引責任準備金**

一部の連結子会社では，証券事故等による損失に備えるため，金融商品取引法第46条の5の規定に基づき，「金融商品取引業等に関する内閣府令」第175条に定めるところにより算出した額を計上しております。

（4） 重要な収益及び費用の計上基準 ･････････････････････････････････

当社グループの顧客との契約から生じる収益に関する主要な事業における主な履行義務の内容及び当該履行義務を充足する通常の時点（収益を認識する通常の

時点）は，以下のとおりであります。

　なお，本人としての性質が強いと判断される取引については，顧客から受領する対価の総額を収益として認識しております。他方，顧客への財又はサービスの提供において当社がその財又はサービスを支配しておらず，代理人に該当すると判断した取引については，顧客から受領する対価から関連する原価を控除した純額，あるいは手数料の金額を収益として認識しております。

　また，約束した対価の金額は，概ね１年以内に受領しており，重要な金融要素は含まれておりません。

① **インターネットインフラ事業**

　レンタルサーバー事業では，主にクラウドインフラサービス，ホスティングサービスの販売や保守の提供を行っております。サービス導入までに係る環境構築等の費用はプラットフォームサービスを顧客が利用可能な状態にすることで履行義務が充足されると判断し，一時点で収益を認識しております。その後の利用料は一定の期間にわたり履行義務が充足されると判断し，契約期間にわたって収益を認識しております。

　EC支援事業では，主にネットショップ作成サービスを提供しております。契約期間にわたりサービスを提供する義務があるため，契約に定められたサービス提供期間にわたって収益を認識しております。

　セキュリティ事業では，主に電子認証事業や電子印鑑事業を行っております。電子認証事業では，SSLサーバ証明書などのWebサイト上の証明書発行サービスを提供しており，主として証明書の発行時点で履行義務が充足されると判断し，収益を認識しております。電子印鑑事業では，電子契約サービス「電子印鑑GMOサイン」の提供，導入支援などのサービスを行っており，主として一定の期間にわたり履行義務が充足されると判断し，契約期間にわたって収益を認識しております。

　決済事業では，主に決済代行サービスの提供及び決済端末等の物品の販売を行っております。決済代行サービスでは，データ処理の件数又は決済金額等に応じた従量料金については各月の収益として計上し，カスタマーサポート費用，管理費用等の定額料金については当該履行義務が充足される契約期間にわたって収

益を計上しております。決済端末等の物品の販売は，物品を引渡した時点にて履行義務が充足されると判断し，物品の引渡時点で収益を認識しております。

アクセス事業では，主にインターネット接続サービスを提供しております。契約期間にわたり毎月一定の通信量を顧客に提供する義務を負っており，当該履行義務は契約期間にわたって充足されると判断し，契約期間にわたって収益を認識しております。

② インターネット広告・メディア事業

主に広告主との契約に基づくインターネット広告取次サービスを提供しております。広告主が期待する広告効果を提供しうる広告媒体を継続して手配し，配信状況についての管理・運用を履行する義務を負っており，当該履行義務は広告配信期間にわたり充足されると判断し，顧客との各契約条件に応じて収益を認識しております。

③ インターネット金融事業

主に個人投資家を対象として株式及び市場デリバティブ取引に係る取次サービスを提供しております。取引規程等に基づいて売買注文の市場への取次を履行する義務を負っており，当該履行義務は約定日に充足されることから，約定日時点（一時点）で収益を認識しております。

④ 暗号資産事業

主に個人投資家を対象として暗号資産の売買及び暗号資産店頭デリバティブ取引に係るサービスを提供しております。取引規程等に基づいて暗号資産の取引所として顧客間の取引の約定成立を履行する義務及び顧客から預かった暗号資産建玉を保管する義務を負っており，当該履行義務はそれぞれ約定日及び営業日が切り替わる時点に充足されることから，約定日及び営業日が切り替わる時点（一時点）で収益を認識しております。

(5) 重要なヘッジ会計の方法 ···

① ヘッジ会計の方法

原則として繰延ヘッジ処理によっております。なお，為替変動リスクのヘッジについて振当処理の要件を充たしている場合には振当処理を，金利スワップ取引

について特例処理の条件を充たしている場合には特例処理を採用しております。

② **ヘッジの手段とヘッジ対象**

 a ヘッジ手段・・・為替予約

   ヘッジ対象・・・外貨建債務及び外貨建予定取引

 b ヘッジ手段・・・金利スワップ

   ヘッジ対象・・・借入金利息

③ **ヘッジ方針**

 将来の為替及び金利の市場変動に起因するリスクを回避することを目的としております。なお，ヘッジ対象の識別は個別契約毎に行っております。

④ **ヘッジ有効性評価の方法**

 該当する各デリバティブ取引とヘッジ対象について，債権債務額，ヘッジ取引の条件等を都度評価・判断することによって有効性の評価を行っております。ただし，特例処理によっている金利スワップについては，有効性の評価を省略しております。

(6)　のれんの償却方法及び償却期間 ···

 20年以内の合理的な年数で定額法により償却しております。

(7)　連結キャッシュ・フロー計算書における資金の範囲 ··················

 手元現金，随時引き出し可能な預金及び容易に換金可能であり，かつ，価値の変動について僅少なリスクしか負わない取得日から3か月以内に償還期限の到来する短期資金からなっております。

(8)　その他連結財務諸表の作成のための重要な事項 ··························

① **繰延資産の処理方法**

 社債発行費は支出時に全額費用処理しております。

② **外国為替証拠金取引の会計処理**

 外国為替証拠金取引については，取引にかかる決済損益，評価損益及び未決済ポジションに係るスワップポイントの授受を売上高として計上しております。

なお，評価損益は外国為替証拠金取引の未決済ポジションの建値と時価の差額を取引明細毎に算定し，これらを合算し損益を相殺して算出しており，これと同額を連結貸借対照表の「証券業等における支払差金勘定」又は「証券業等における受取差金勘定」に計上しております。

　また，本邦内における顧客からの預り資産は，金融商品取引法第43条の3第1項の規定に基づき「金融商品取引業等に関する内閣府令」第143条第1項第1号に定める方法により区分管理しており，在外連結子会社における顧客からの預り資産は，現地の法令に基づき自己の資産と区分して管理しており，これらを連結貸借対照表の「証券業等における預託金」に計上しております。

③　連結納税制度の適用

　当社及び一部の連結子会社は，連結納税制度を適用しております。

④　連結納税制度からグループ通算制度への移行に係る税効果会計の適用

　当社及び一部の国内連結子会社は，翌連結会計年度から，連結納税制度からグループ通算制度へ移行することとなります。ただし，「所得税法等の一部を改正する法律」（令和2年法律第8号）において創設されたグループ通算制度への移行及びグループ通算制度への移行にあわせて単体納税制度の見直しが行われた項目については，「連結納税制度からグループ通算制度への移行に係る税効果会計の適用に関する取扱い」（実務対応報告第39号2020年3月31日）第3項の取扱いにより，「税効果会計に係る会計基準の適用指針」（企業会計基準適用指針第28号2018年2月16日）第44項の定めを適用せず，繰延税金資産及び繰延税金負債の額について，改正前の税法の規定に基づいております。

　なお，翌連結会計年度の期首から，グループ通算制度を適用する場合における法人税及び地方法人税並びに税効果会計の会計処理及び開示の取扱いを定めた「グループ通算制度を適用する場合の会計処理及び開示に関する取扱い」（実務対応報告第42号2021年8月12日）を適用する予定であります。

（重要な会計上の見積り）

1. のれん及び顧客関連資産の評価 ･･

（1）　当連結会計年度の連結財務諸表に計上した金額 ･･････････････････････････

　当連結会計年度末の連結貸借対照表において，外貨 ex byGMO 株式会社の買収に伴い計上したのれん及び無形固定資産の「その他」（顧客関連資産）の金額は，以下のとおりです。

（単位：百万円）

	前連結会計年度	当連結会計年度
のれん	10,868	9,943
無形固定資産　その他	7,726	6,843

（2）　識別した項目に係る重要な会計上の見積りの内容に関する情報 ･････････････
①　当連結会計年度の連結財務諸表に計上した金額の算出方法

　外貨 ex byGMO 株式会社との企業結合取引により取得したのれんは，被取得企業の今後の事業展開により期待される将来の超過収益力であり，取得価額と被取得企業の識別可能な資産及び負債の企業結合日時点の時価との差額で計上しております。また，顧客関連資産は，既存顧客との継続的な取引関係により生み出すことが期待される超過収益の現在価値として算定しております。これらは，いずれもその効果が及ぶ期間にわたって規則的に償却しており，未償却残高は減損処理の対象となります。

　のれん及び顧客関連資産の減損の兆候の把握においては，株式取得時の事業計画と実績の比較に基づき，超過収益力等の著しい低下の有無を検討しております。減損の兆候があると認められる場合には，割引前将来キャッシュ・フローの総額と帳簿価額を比較することによって，減損損失の認識の要否を判定します。なお，当連結会計年度末において，のれん及び顧客関連資産は減損の兆候はないと判断しております。

②　当連結会計年度の連結財務諸表に計上した金額の算出に用いた主要な仮定

　のれんの金額の算定の基礎となる事業計画における過去の経営成績を勘案した売上高成長率，無形固定資産に計上された「顧客関連資産」の当該資産から得られる将来キャッシュ・フローにおける既存顧客の残存率，事業計画を基礎とした

将来キャッシュ・フロー及び「顧客関連資産」から得られる将来キャッシュ・フローのそれぞれが見積値から乖離するリスクについて反映するための割引率を主要な仮定としております。

③　翌連結会計年度の連結財務諸表に与える影響

　これらの主要な仮定は見積りの不確実性を伴うため，重要な変更が生じ超過収益力が毀損していると判断された場合には，翌連結会計年度の連結財務諸表において，のれん及び顧客関連資産の減損損失を認識する可能性があります。

2. のれんの評価 ……………………………………………………………

（1）　当連結会計年度の連結財務諸表に計上した金額 ……………………

　当連結会計年度末の連結貸借対照表において，GMO サイバーセキュリティ by イエラエ株式会社の買収に伴い計上したのれんの金額は，以下のとおりです。

（単位：百万円）

	前連結会計年度	当連結会計年度
のれん	－	7,011

（2）　識別した項目に係る重要な会計上の見積りの内容に関する情報 …………

①　当連結会計年度の連結財務諸表に計上した金額の算出方法

　GMO サイバーセキュリティ by イエラエ株式会社との企業結合取引により取得したのれんは，被取得企業の今後の事業展開により期待される将来の超過収益力であり，取得価額と被取得企業の識別可能な資産及び負債の企業結合日時点の時価との差額で計上しております。

　株式の取得価額は，外部専門家が作成した株式価値算定書を基に決定しており，株式価値の大半を占める事業価値は，GMO サイバーセキュリティ by イエラエ株式会社が策定した将来キャッシュ・フローを対象に，ディスカウント・キャッシュ・フロー法を用いて割引計算した数値を用いております。

　のれんの減損の兆候の把握においては，株式取得時の事業計画と実績の比較に基づき，超過収益力等の著しい低下の有無を検討しております。減損の兆候があると認められる場合には，割引前将来キャッシュ・フローの総額と帳簿価額を比較することによって，減損損失の認識の要否を判定します。

なお，当連結会計年度末において，のれんは，減損の兆候はないと判断しております。

② 当連結会計年度の連結財務諸表に計上した金額の算出に用いた主要な仮定
　のれんの金額の算定の基礎となる事業計画における顧客数，エンジニア人員計画及び外部専門家が設定した割引率を主要な仮定としております。

③ 翌連結会計年度の連結財務諸表に与える影響
　これらの主要な仮定は見積りの不確実性を伴うため，重要な変更が生じ超過収益力が毀損していると判断された場合には，翌連結会計年度の連結財務諸表において，のれんの減損損失を認識する可能性があります。

3. 繰延税金資産の回収可能性 ･･････････････････････････････････････
(1) 当連結会計年度の連結財務諸表に計上した金額 ･･････････････････

(単位：百万円)

	前連結会計年度	当連結会計年度
繰延税金資産	2,328	4,053

(2) 識別した項目に係る重要な会計上の見積りの内容に関する情報 ･･･････
① 当連結会計年度の連結財務諸表に計上した金額の算出方法
　当社グループは，繰延税金資産について回収可能性を検討し，当該資産の回収が不確実と考えられる部分に対して評価性引当額を計上しております。回収可能性の判断においては，将来の課税所得見込額と実行可能なタックス・プランニングを考慮して，将来の税金負担額を軽減する効果を有すると考えられる範囲で繰延税金資産を計上しております。

② 当連結会計年度の連結財務諸表に計上した金額の算出に用いた主要な仮定
　繰延税金資産の計上額は，グループ各社における翌年度の事業計画及び将来の利益計画を基に課税所得を見積り，将来の回収スケジューリングの結果により算定しております。

③ 翌連結会計年度の連結財務諸表に与える影響
　将来の課税所得見込額はその時の業績等により変動するため，課税所得の見積に影響を与える要因が発生した場合，翌連結会計年度以降の連結財務諸表におい

て認識する繰延税金資産及び法人税等調整額の金額に影響を与える可能性があります。

4. 契約損失引当金の評価 ··

（1） 当連結会計年度の連結財務諸表に計上した金額 ··············

（単位：百万円）

	前連結会計年度	当連結会計年度
契約損失引当金	－	6,341
契約損失引当金繰入額	－	6,341

（2） 識別した項目に係る重要な会計上の見積りの内容に関する情報 ··········

① 当連結会計年度の連結財務諸表に計上した金額の算出方法

　当社及び連結子会社であるGMOフィナンシャルホールディングス株式会社（以下，当社グループ）が株式会社あおぞら銀行との間で締結した株主間契約に基づき，株式会社あおぞら銀行から当社グループに対してGMOあおぞらネット銀行株式会社の種類株式の買取請求が行われた場合に将来発生する損失見込額（契約に基づく種類株式の買取価額と外部専門家が作成した株価算定書を基に決定した株式価値との差額）を計上したものです。

　株式価値の大半を占める事業価値は，GMOあおぞらネット銀行株式会社が2022年10月に策定した新中期経営計画の策定基礎のうち，法人預金口座数等の増加率に上限を設定した将来キャッシュ・フローを対象に，ディスカウント・キャッシュ・フロー法に基づいて算定された数値を用いております。

② 当連結会計年度の連結財務諸表に計上した金額の算出に用いた主要な仮定

　将来キャッシュ・フローの算定基礎となる将来の法人預金口座数，ローン残高並びに一口座当たりの為替件数及びデビットカード利用額と，外部専門家が設定した割引率を主要な仮定としております。

③ 翌連結会計年度の連結財務諸表に与える影響

　これらの主要な仮定は見積りの不確実性を伴うため，重要な変更が生じていると判断された場合には，翌連結会計年度の連結財務諸表において，契約損失引当金の金額に影響を与える可能性があり，または，買取実施後保有するGMOあお

ぞらネット銀行株式に対する減損損失が発生する可能性があります。

5. 貸倒引当金の評価 ···
(1) 当連結会計年度の連結財務諸表に計上した金額 ·······················
連結子会社であるGM O－Z com Seturities（Thailand）Public Company Limitedにおいて当連結会計年度に計上した貸倒引当金の金額及び貸倒引当金繰入額は，以下のとおりです。

（単位：百万円）

	前連結会計年度	当連結会計年度
貸倒引当金（流動）	－	3,527
貸倒引当金繰入額	－	3,527

(2) 識別した項目に係る重要な会計上の内容に関する事項 ·····················
① 当連結会計年度の連結財務諸表に計上した金額の算出方法
連結子会社であるGM O－Z com Seturities（Thailand）Public Company Limitedにおいては，信用取引貸付金について，一般債権については予想損失の見積りにより，貸倒懸念債権等特定の債権については個別に見積もった回収可能額を，債権残高から差し引いだ残額を回収不能見込額として計上しております。
② 当連結会計年度の連結財務諸表に計上した金額の算出に用いた主要な仮定
連結会計年度末における顧客の返済能力に関する評価及び代用有価証券として差し入れを受けている担保資産における評価を主要な仮定としております。
③ 翌連結会計年度の連結財務諸表に与える影響
回収可能性の算定にあたっては，現時点における最善の見積りであるものの，見積りに用いた仮定には不確実性があり，個別の顧客の返済能力に関する新たな追加的な情報や経済状況等の変化があった場合には，翌連結会計年度の連結財務諸表において，貸倒引当金の金額に影響を与える可能性があります。

（会計方針の変更）
　（収益認識に関する会計基準等の適用）
　「収益認識に関する会計基準」（企業会計基準第29号2020年3月31日。以下

「収益認識会計基準」という。）等を当連結会計年度の期首から適用し，約束した財又はサービスの支配が顧客に移転した時点で，当該財又はサービスと交換に受け取ると見込まれる金額で収益を認識することとしております。これにより，顧客との契約における履行義務の識別を行った結果，インターネットインフラ事業に係る初期費用売上の一部について，サービス提供開始時に収益認識する方法によっておりましたが，サービス契約期間にわたり収益認識する方法に変更しております。加えて，当社グループが代理人として関与したと判定される収益について，総額で収益認識する方法によっておりましたが，純額で収益認識する方法に変更しております。

収益認識会計基準等の適用については，収益認識会計基準第84項ただし書きに定める経過的な取扱いに従っており，当連結会計年度の期首より前に新たな会計方針を遡及適用した場合の累積的影響額を，当連結会計年度の期首の利益剰余金に加減し，当該期首残高から新たな会計方針を適用しております。

この結果，当連結会計年度の売上高は30,774百万円減少，売上原価は28,084百万円減少，販売費及び一般管理費は2,956百万円減少，営業利益，経常利益及び税金等調整前当期純利益はそれぞれ266百万円増加しております。また，利益剰余金の当期首残高は2,416百万円減少しております。なお，1株当たり情報に与える影響は軽微であります。

収益認識会計基準等を適用したため，前連結会計年度の連結貸借対照表において，「流動資産」に表示していた「受取手形及び売掛金」は，当連結会計年度より「受取手形, 売掛金及び契約資産」に含めて表示することとしました。また,「流動負債」に表示していた「前受金」及び「流動負債」の「その他」に含めて表示していた「前受収益」は，当連結会計年度において「前受金」3,195百万円,「契約負債」18,314百万円として表示しております。

なお，収益認識会計基準89－2項に定める経過的な取扱いに従って，前連結会計年度について新たな表示方法により組替を行っておりません。

（時価の算定に関する会計基準等の適用）
「時価の算定に関する会計基準」（企業会計基準第30号2019年7月4日。以

下「時価算定会計基準」という。）等を当連結会計年度の期首から適用し，時価算定会計基準第19項及び「金融商品に関する会計基準」（企業会計基準第10号2019年7月4日）第44－2項に定める経過的な取扱いに従って，時価算定会計基準等が定める新たな会計方針を，将来にわたって適用することとしております。なお，連結財務諸表に与える影響は軽微であります。

　また，「金融商品関係」注記において，金融商品の時価のレベルごとの内訳等に関する事項等の注記を行うことといたしました。ただし，「金融商品の時価等の開示に関する適用指針」（企業会計基準適用指針第19号2019年7月4日）第7-4項に定める経過的な取扱いに従って，当該注記のうち，前連結会計年度に係るものについては記載しておりません。

（未適用の会計基準等）
　・「時価の算定に関する会計基準の適用指針」（企業会計基準適用指針第31号2021年6月17日）
（1）　概要
　　投資信託の時価の算定及び注記に関する取扱い並びに，貸借対照表に持分相当額を純額で計上する組合等への出資の時価の注記に関する取扱いを定めています。
（2）　適用予定日
　　2023年12月期の期首より適用予定であります。
（3）　当該会計基準等の適用による影響
　　影響額は，当連結財務諸表の作成時において評価中であります。

（表示方法の変更）
　（不動産事業に関する変更）
　　従来，不動産賃貸収入及び不動産賃貸原価については，「営業外収益」及び「営業外費用」に計上しておりましたが，当連結会計年度より，「売上高」及び「売上原価」に計上する方法に変更しております。
　　当社は2021年12月に複数の信託受益権を取得いたしました。また，不動産

賃貸業務が長期的かつ安定的な収益の確保につながると判断し，当連結会計年度より新たな収益部門として事業化することといたしました。これに伴い，事業運営の実態をより適切に表示するために表示方法の変更を行ったものであります。

これにより前連結会計年度において，「有形固定資産」の「その他」に含めていた「土地」は，金額的重要性が増したため，当連結会計年度より独立掲記することとしております。この表示方法の変更を反映させるため，前連結会計年度の連結財務諸表の組替えを行っております。

この結果，前連結会計年度の連結貸借対照表において，「有形固定資産」の「建物及び構築物（純額）」に表示していた5,692百万円，「その他（純額）」に表示していた1,126百万円及び「投資その他の資産」の「その他」に表示していた39,760百万円は，「有形固定資産」の「建物及び構築物（純額）」13,584百万円，「土地」20,781百万円，「その他（純額）」850百万円及び「投資その他の資産」の「その他」11,362百万円として組替えております。

前連結会計年度の連結損益計算書において，「営業外収益」の「その他」に含めていた165百万円は，「売上高」として組替えております。また，「営業外費用」の「その他」に含めていた98百万円は，「売上原価」として組替えております。

前連結会計年度の連結キャッシュ・フロー計算書において，「投資活動によるキャッシュ・フロー」の「投資不動産による支出」に表示していた △28,391百万円は，「有形固定資産の取得による支出」として組み替えております。

（連結損益計算書関係）

前連結会計年度において，「営業外費用」の「その他」に含めていた「支払手数料」は，金額的重要性が増したため，当連結会計年度より独立掲記することとしております。この表示方法の変更を反映させるため，前連結会計年度の連結財務諸表の組替えを行っております。

この結果，前連結会計年度の連結損益計算書において，「営業外費用」の「その他」に含めていた「支払手数料」76百万円を独立掲記して組み替えております。

また，前連結会計年度において，独立掲記していた「特別利益」の「事業譲渡益」は，金額的重要性が乏しくなったため，当連結会計年度より「その他」に含めて

表示しております。この表示方法の変更を反映させるため，前連結会計年度の連結財務諸表の組替えを行っております。

　この結果，前連結会計年度の連結損益計算書において，「特別利益」に表示していた「事業譲渡益」149百万円は，「その他」として組み替えております。

（連結キャッシュ・フロー計算書関係）

　前連結会計年度において，「営業活動によるキャッシュ・フロー」の「その他」に含めていた「支払手数料」，「投資事業組合運用損益（△は益）」は，明瞭性を高めるため，当連結会計年度より独立掲記することとしております。この表示方法の変更を反映させるため，前連結会計年度の連結財務諸表の組替えを行っております。

　この結果，前連結会計年度の連結キャッシュ・フロー計算書において，「営業活動によるキャッシュ・フロー」の「その他」△11,209百万円は，「支払手数料」76百万円，「投資事業組合運用損益（△は益）」△462百万円，「その他」△10,824百万円として組み替えております。

（追加情報）

（連結子会社における貸倒引当金の計上）

　タイ王国で証券事業を展開している連結子会社において信用取引の提供に際し，顧客から担保として差し入れを受けた代用有価証券1銘柄に関して，タイ証券市場で不公正と疑われる取引が発生したことにより，当該有価証券の価値が大幅に下落しました。

　これにより，当該有価証券を担保としている顧客への信用取引貸付金7,994百万円について，入手可能な直近の情報に基づき回収可能性を検討した結果，貸倒引当金繰入額3,527百万円を販売費及び一般管理費として計上しております。

2 財務諸表等

(1) 財務諸表 ···

① 貸借対照表

（単位：百万円）

	前事業年度 （2021年12月31日）		当事業年度 （2022年12月31日）	
資産の部				
流動資産				
現金及び預金		48,096		94,207
売掛金	※1	1,388		
受取手形、売掛金及び契約資産		－	※1	6,858
前払費用		1,345		4,720
関係会社短期貸付金	※1	15,817	※1	7,352
その他	※1	6,754	※1	7,407
貸倒引当金		△258		△310
流動資産合計		76,144		120,235
固定資産				
有形固定資産				
建物（純額）	※2	12,513	※2	12,753
工具、器具及び備品（純額）		3,585		3,097
リース資産（純額）		3,018		3,377
土地	※2	20,781	※2	20,781
その他		434		796
有形固定資産合計		40,332		40,806
無形固定資産				
ソフトウエア		521		683
リース資産		195		162
その他		712		943
無形固定資産合計		1,430		1,789
投資その他の資産				
投資有価証券		19,566		20,141
関係会社株式	※2	22,688	※2	32,840
関係会社長期貸付金	※1	6,398	※1	5,018
その他の関係会社有価証券		155		92
繰延税金資産		－		927
その他		2,095		2,286
貸倒引当金		△3,695		△3,359
投資その他の資産合計		47,207		57,945
固定資産合計		88,971		100,541
資産合計		165,115		220,777

		前事業年度 （2021年12月31日）		当事業年度 （2022年12月31日）
負債の部				
流動負債				
短期借入金	※4	1,900	※2,※4	45,000
1年内返済予定の長期借入金	※2	3,325	※2	3,325
リース債務		1,057		1,141
未払金	※1	7,737	※1	7,278
未払法人税等		609		83
前受金		3,524		3,195
契約負債		–		7,959
預り金	※1	28,451	※1	17,251
賞与引当金		227		205
役員賞与引当金		693		–
入会促進引当金		364		–
契約損失引当金		–		3,170
その他		644		1,409
流動負債合計		48,535		90,020
固定負債				
社債		45,000		51,000
長期借入金	※2	34,560	※2	52,215
リース債務		2,718		2,994
資産除去債務		1,210		1,214
繰延税金負債		105		–
その他	※1	3,115	※1	2,719
固定負債合計		86,709		110,143
負債合計		135,245		200,163
純資産の部				
株主資本				
資本金		5,000		5,000
資本剰余金				
資本準備金		936		936
その他資本剰余金		680		–
資本剰余金合計		1,617		936
利益剰余金				
利益準備金		313		313
その他利益剰余金				
別途積立金		75		75
繰越利益剰余金		26,260		21,816
利益剰余金合計		26,648		22,205
自己株式		△5,684		△10,166
株主資本合計		27,581		17,975
評価・換算差額等				
その他有価証券評価差額金		2,288		2,632
繰延ヘッジ損益		–		5
評価・換算差額等合計		2,288		2,638
純資産合計		29,870		20,613
負債純資産合計		165,115		220,777

② 損益計算書

（単位：百万円）

	前事業年度 (自 2021年1月1日 至 2021年12月31日)		当事業年度 (自 2022年1月1日 至 2022年12月31日)	
売上高	※1	67,038	※1	63,007
売上原価	※1	42,692	※1	40,589
売上総利益		24,345		22,417
販売費及び一般管理費	※1,※2	20,070	※1,※2	21,184
営業利益		4,275		1,232
営業外収益				
受取利息	※1	607	※1	905
受取配当金	※1	7,361	※1	11,619
為替差益		849		630
業務分担金	※1	1,130	※1	1,297
その他	※1	1,121	※1	1,099
営業外収益合計		11,069		15,553
営業外費用				
不動産賃貸費用		24		–
支払利息	※1	305	※1	469
社債利息		99		393
社債発行費		191		32
その他	※1	43	※1	220
営業外費用合計		663		1,116
経常利益		14,681		15,669
特別利益				
投資有価証券売却益		41		–
貸倒引当金戻入額		187		–
債務免除益		–	※1	229
その他	※1	14		0
特別利益合計		242		229
特別損失				
減損損失	※3	67		–
関係会社株式評価損		66		5,577
債権放棄損	※1	108	※1	58
契約損失引当金繰入額		–	※4	3,170
その他		25		416
特別損失合計		268		9,223
税引前当期純利益		14,655		6,676
法人税、住民税及び事業税		1,800		1,144
法人税等調整額		1,026		△469
法人税等合計		2,826		674
当期純利益		11,828		6,001

売上原価明細書

区分	注記番号	前事業年度 （自 2021年1月1日 至 2021年12月31日）金額(百万円)	前事業年度 構成比(%)	当事業年度 （自 2022年1月1日 至 2022年12月31日）金額(百万円)	当事業年度 構成比(%)
I　商品売上原価		6	0.0	3	0.0
II　労務費		1,531	3.6	1,472	3.6
III　経費	※1	41,154	96.4	39,113	96.4
売上原価		42,692	100.0	40,589	100.0

前事業年度 （自 2021年1月1日 至 2021年12月31日）	当事業年度 （自 2022年1月1日 至 2022年12月31日）
※1　経費の主な内訳は下記のとおりであります。	※1　経費の主な内訳は下記のとおりであります。
支払手数料　　10,560百万円	支払手数料　　11,770百万円
外注費　　　　 1,758　〃	外注費　　　　 1,198　〃
地代家賃　　　　 709　〃	地代家賃　　　　 626　〃
通信費　　　 26,788　〃	通信費　　　 23,536　〃
賃借料　　　　　 62　〃	賃借料　　　　　188　〃

③ 株主資本等変動計算書

前事業年度（自　2021年1月1日　至　2021年12月31日）

（単位：百万円）

	株主資本							
	資本金	資本剰余金			利益剰余金			
		資本準備金	その他資本剰余金	資本剰余金合計	利益準備金	その他利益剰余金		利益剰余金合計
						別途積立金	繰越利益剰余金	
当期首残高	5,000	936	-	936	313	-	23,237	23,551
会計方針の変更による累積的影響額								
会計方針の変更を反映した当期首残高	5,000	936	-	936	313	-	23,237	23,551
当期変動額								
剰余金の配当							△5,562	△5,562
別途積立金の積立						75	△75	
当期純利益							11,828	11,828
自己株式の取得								
自己株式の処分			680	680				
自己株式の消却			△3,168	△3,168				
利益剰余金から資本剰余金への振替			3,168	3,168			△3,168	△3,168
株主資本以外の項目の当期変動額（純額）								
当期変動額合計	-	-	680	680	-	75	3,022	3,097
当期末残高	5,000	936	680	1,617	313	75	26,260	26,648

| | 株主資本 | | 評価・換算差額等 | | | 純資産合計 |
	自己株式	株主資本合計	その他有価証券評価差額金	繰延ヘッジ損益	評価・換算差額等合計	
当期首残高	△9,366	20,120	73	△9	63	20,184
会計方針の変更による累積的影響額		-				-
会計方針の変更を反映した当期首残高	△9,366	20,120	73	△9	63	20,184
当期変動額						
剰余金の配当		△5,562				△5,562
別途積立金の積立						
当期純利益		11,828				11,828
自己株式の取得	△1,903	△1,903				△1,903
自己株式の処分	2,417	3,097				3,097
自己株式の消却	3,168	-				
利益剰余金から資本剰余金への振替		-				-
株主資本以外の項目の当期変動額（純額）			2,215	9	2,224	2,224
当期変動額合計	3,682	7,460	2,215	9	2,224	9,685
当期末残高	△5,684	27,581	2,288	-	2,288	29,870

当事業年度（自　2022年1月1日　至　2022年12月31日）

（単位：百万円）

	株主資本							
	資本金	資本剰余金			利益剰余金			
		資本準備金	その他資本剰余金	資本剰余金合計	利益準備金	その他利益剰余金		利益剰余金合計
						別途積立金	繰越利益剰余金	
当期首残高	5,000	936	680	1,617	313	75	26,260	26,648
会計方針の変更による累積的影響額							△1,625	△1,625
会計方針の変更を反映した当期首残高	5,000	936	680	1,617	313	75	24,634	25,023
当期変動額								
剰余金の配当							△6,466	△6,466
当期純利益							6,001	6,001
自己株式の取得								
自己株式の消却			△3,032	△3,032				
利益剰余金から資本剰余金への振替			2,352	2,352			△2,352	△2,352
株主資本以外の項目の当期変動額（純額）								
当期変動額合計	–	–	△680	△680	–	–	△2,817	△2,817
当期末残高	5,000	936	–	936	313	75	21,816	22,205

	株主資本		評価・換算差額等			純資産合計
	自己株式	株主資本合計	その他有価証券評価差額金	繰延ヘッジ損益	評価・換算差額等合計	
当期首残高	△5,684	27,581	2,288	–	2,288	29,870
会計方針の変更による累積的影響額		△1,625				△1,625
会計方針の変更を反映した当期首残高	△5,684	25,955	2,288	–	2,288	28,244
当期変動額						
剰余金の配当		△6,466				△6,466
当期純利益		6,001				6,001
自己株式の取得	△7,515	△7,515				△7,515
自己株式の消却	3,032	–				–
利益剰余金から資本剰余金への振替		–				–
株主資本以外の項目の当期変動額（純額）			343	5	349	349
当期変動額合計	△4,482	△7,980	343	5	349	△7,631
当期末残高	△10,166	17,975	2,632	5	2,638	20,613

【注記事項】
（重要な会計方針）

1 有価証券の評価基準及び評価方法 ‥‥‥‥‥‥‥‥‥‥‥‥‥‥‥‥‥‥‥‥

（1） 子会社株式及び関連会社株式 ‥‥‥‥‥‥‥‥‥‥‥‥‥‥‥‥‥‥‥‥‥

移動平均法による原価法によっております。

（2） その他有価証券 ‥‥‥‥‥‥‥‥‥‥‥‥‥‥‥‥‥‥‥‥‥‥‥‥‥‥‥

① 市場価格のない株式等以外のもの

時価法（評価差額は全部純資産直入法により処理し，売却原価は移動平均法により算定）を採用しております。

② 市場価格のない株式等

主として移動平均法による原価法を採用しております。なお，投資事業組合及びこれに類する組合への出資（金融商品取引法第2条第2項により有価証券とみなされるもの）については，組合契約に規定される決算報告日に応じて入手可能な最近の決算書を基礎とし，持分相当額を純額で取り込む方法によっております。

2 固定資産の減価償却の方法 ‥‥‥‥‥‥‥‥‥‥‥‥‥‥‥‥‥‥‥‥‥‥

（1） 有形固定資産（リース資産を除く）‥‥‥‥‥‥‥‥‥‥‥‥‥‥‥‥‥

定率法を採用しております。

ただし，2016年4月1日以降に取得した建物附属設備については，定額法を採用しております。

なお，主な耐用年数は以下の通りであります。

建物	3～53年
工具,器具及び備品	2～20年

（2） 無形固定資産（リース資産を除く）‥‥‥‥‥‥‥‥‥‥‥‥‥‥‥‥‥

定額法を採用しております。なお，自社利用のソフトウエアについては，社内における利用可能見込期間（4～5年）に基づく定額法を採用しております。

（3）　リース資産 ・・
　　所有権移転外ファイナンス・リース取引
　　リース期間を耐用年数とし，残存価額をゼロとする定額法によっております。

3　引当金の計上基準 ・・・

（1）　貸倒引当金 ・・・

　　債権の貸倒れによる損失に備えるため，一般債権については貸倒実績率により，貸倒懸念債権等特定の債権については個別に回収可能性を勘案し，回収不能見込額を計上しております。

（2）　賞与引当金 ・・

　　従業員に対して支給する賞与の支出に充てるため，支給見込額に基づき当事業年度に見合う分を計上しております。

（3）　役員賞与引当金 ・・・

　　役員に対して支給する賞与の支出に備えて，当事業年度に見合う支給見込額に基づき計上しております。

（4）　入会促進引当金 ・・・

　　入会促進を目的として実施するキャンペーンに係るキャッシュバックの負担に備えるため，当事業年度末以降負担すると見込まれる額を計上しております。

（5）　契約損失引当金 ・・・

　　将来の契約履行に伴い発生する可能性のある損失に備えるため，合理的に算定した損失見込額を計上しております。

4　収益及び費用の計上基準 ・・・

　　当社はアクセス事業，ドメイン事業及びクラウド・ホスティング事業を主な事業としております。

(1) アクセス事業 ···

『GMO とくとく BB』などのインターネット接続サービス

(2) ドメイン事業 ···

『お名前 .com』で展開するレジストラ事業

(3) クラウド・ホスティング事業 ·····································

『お名前 .com レンタルサーバー』,『ConoHa byGMO』で展開する共用サーバー, VPS, 専用サーバー, クラウドの提供・運用・管理・保守を行うホスティングサービス

当社の主要な事業における主な履行義務の内容及び当該履行義務を充足する通常の時点（収益を認識する通常の時点）は以下のとおりです。

なお, 本人としての性質が強いと判断される取引については, 顧客から受領する対価の総額を収益として認識しております。他方, 顧客への財又はサービスの提供において当社がその財又はサービスを支配しておらず, 代理人に該当すると判断した取引については, 顧客から受領する対価から関連する原価を控除した純額, あるいは手数料の金額を収益として認識しております。

また, 約束した対価の金額は, 概ね 1 年以内に受領しており, 重要な金融要素は含まれておりません。

(1) アクセス事業

インターネット接続サービスにおける収益は, 主に通信料収入及び販売手数料収入により構成されます。

通信料収入における履行義務は顧客との契約期間にわたって毎月一定の通信量を顧客に提供することであるため, 通信料収入は時の経過に応じて収益として認識しております。また, 通信料金に係る売上割引については, 毎月の通信料収入から控除しております。

販売手数料収入における履行義務はインターネット利用者の契約獲得であるため, 販売手数料収入は契約獲得時に収益として認識しています。

（2）　ドメイン事業

　　レジストラ事業における収益は，主にドメイン登録，ドメイン更新等の収入
によって構成されます。当サービスにおける履行義務はドメインの登録・更新
及びドメインの利用環境維持であると判断しており，当該収益は時の経過によ
り履行義務が充足されると判断し，契約期間に渡って収益を認識しております。

（3）　クラウド・ホスティング事業

　　ホスティングサービス収入における履行義務は契約期間にわたって毎月一定
のサーバーサービスを顧客に提供することであるため，当該収益は時の経過に
応じて履行義務が充足されると判断し，契約期間に渡って収益を認識しており
ます。

5　ヘッジ会計の方法

（1）　ヘッジ会計の方法

　　原則として繰延ヘッジ処理によっております。なお，振当処理の要件を満たし
ている為替予約については，振当処理を行っております。また，特例処理の要件
を満たしている金利スワップについては，特例処理を採用しております。

（2）　ヘッジの手段とヘッジ対象

　①　手段　　為替予約
　　　対象　　外貨建債務及び外貨建予定取引
　②　手段　　金利スワップ
　　　対象　　借入金利息

（3）　ヘッジ方針

　　将来の為替及び金利の市場変動に起因するリスクを回避することを目的として
おります。なお，ヘッジ対象の識別は個別契約毎に行っております。

（4）　ヘッジ有効性評価の方法

　　該当する各デリバティブ取引とヘッジ対象について，債権債務額，ヘッジ取引

の条件等を都度評価・判断することによって有効性の評価を行っております。ただし，特例処理によっている金利スワップについては，有効性の評価を省略しております。

6　その他財務諸表作成のための重要な事項 ┈┈┈┈┈┈┈┈┈┈┈┈┈┈┈

（1）　繰延資産の会計処理 ┈┈┈┈┈┈┈┈┈┈┈┈┈┈┈┈┈┈┈┈┈┈┈┈
社債発行費は支出時に全額費用処理しております。

（2）　連結納税制度の適用 ┈┈┈┈┈┈┈┈┈┈┈┈┈┈┈┈┈┈┈┈┈┈┈┈
連結納税制度を適用しております。

（3）　連結納税制度からグループ通算制度への移行に係る税効果会計の適用 ┈┈
　当社は，翌事業年度から，連結納税制度からグループ通算制度へ移行することとなります。ただし，「所得税法等の一部を改正する法律」（2020年法律第8号）において創設されたグループ通算制度への移行及びグループ通算制度への移行にあわせて単体納税制度の見直しが行われた項目については，「連結納税制度からグループ通算制度への移行に係る税効果会計の適用に関する取扱い」（実務対応報告第39号2020年3月31日）第3項の取扱いにより，「税効果会計に係る会計基準の適用指針」（企業会計基準適用指針第28号2018年2月16日）第44項の定めを適用せず，繰延税金資産及び繰延税金負債の額について，改正前の税法の規定に基づいております。
　なお，翌事業年度の期首から，グループ通算制度を適用する場合における法人税及び地方法人税並びに税効果会計の会計処理及び開示の取扱いを定めた「グループ通算制度を適用する場合の会計処理及び開示に関する取扱い」（実務報告第42号2021年8月21日）を適用する予定であります。

（重要な会計上の見積り）

関係会社投融資の評価

1. 当事業年度の財務諸表に計上した金額 ·····································

勘定科目	前事業年度	当事業年度
関係会社株式	22,688百万円	32,840百万円
関係会社株式評価損	66百万円	5,577百万円
関係会社短期貸付金	15,817百万円	7,352百万円
関係会社長期貸付金	6,398百万円	5,018百万円
関係会社長期貸付金に係る貸倒引当金	3,693百万円	3,359百万円

　上記関係会社株式の金額のうち非上場株式の金額は，前事業年度10,967百万円，当事業年度20,669百万円であります。

2. 識別した項目に係る重要な会計上の見積りの内容に関する情報 ··············

　市場価格のない関係会社株式は，実質価額が取得価額に比べ著しく下落した場合，将来の事業計画等により回復可能性が裏付けられる場合を除き減損処理を行っております。また，関係会社への貸付金については債務者の財政状態等に応じて回収不能見込額を貸倒引当金として計上しております

　これらの評価は市場動向やこれに基づく事業成長率等の仮定を含め，経営者により承認された将来の事業計画等に基づいて算定しており，関連する業種の将来の趨勢に関する経営者の評価を反映し，外部情報及び内部情報の両方から得られた過去のデータを基礎としております。評価に用いた仮定は合理的であり，当事業年度末の各残高は妥当であると判断しております。

　ただし，会計上の見積りに用いた仮定は不確実性を有しており，関係会社の属する市場環境や競合他社の状況により株式の減損処理及び貸倒引当金の計上が必要となり，翌事業年度の財務諸表に重要な影響を与える可能性があります。

契約損失引当金

1. 当事業年度の財務諸表に計上した金額 ･･････････････････････････････････

勘定科目	前事業年度	当事業年度
契約損失引当金	－	3,170百万円
契約損失引当金繰入額	－	3,170百万円

2. 識別した項目に係る重要な会計上の見積りの内容に関する情報 ･････････

　連結財務諸表「注記事項（重要な会計上の見積り）」に同一の内容を記載しているため記載を省略しております。

関係会社株式の評価

1. 当事業年度の財務諸表に計上した金額 ･････････････････････････････････

　GMOサイバーセキュリティbyイエラエ株式会社の買収に伴い計上した関係会社株式の金額は，以下のとおりです。

勘定科目	前事業年度	当事業年度
関係会社株式	－	9,251百万円

2. 識別した項目に係る重要な会計上の見積りの内容に関する情報 ･････････

（1）　当事業年度の財務諸表に計上した金額の算出方法 ･･････････････････

　市場価格のない関係会社株式は，実質価額が取得価額に比べ著しく下落した場合，将来の事業計画等により回復可能性が裏付けられる場合を除き減損処理を行っております。

　GMOサイバーセキュリティ byイエラエ株式会社の関係会社株式の実質価額は，将来の事業計画に基づいた超過収益力等を反映した金額を基礎として算定しております。

　当該関係会社株式の帳簿価額と実質価額を比較した結果，実質価額が帳簿価額を著しく下回っていないため，評価損を認識しておりません。

（2）　財務諸表に計上した金額の算出に用いた主要な仮定 ･･････････････････

　関係会社株式の実質価額の算定の基礎となる事業計画における顧客数，エンジ

ニア人員計画及び外部専門家が設定した割引率を主要な仮定としております。

(3) 翌事業年度の財務諸表に与える影響 ···

　これらの主要な仮定は見積りの不確実性を伴うため，重要な変更が生じ実質価額が著しく低下した場合には，翌事業年度の財務諸表において，関係会社株式評価損を認識する可能性があります。

（会計方針の変更）
　収益認識に関する会計基準等の適用
　「収益認識に関する会計基準」（企業会計基準第29号2020年3月31日。以下「収益認識会計基準」という。）等を当事業年度の期首から適用し，約束した財又はサービスの支配が顧客に移転した時点で，当該財又はサービスと交換に受け取ると見込まれる金額で収益を認識することとしております。これにより，顧客との契約における履行義務の識別を行った結果，インターネットインフラ事業に係る初期費用売上の一部について，サービス提供開始時に収益認識する方法によっておりましたが，サービス契約期間にわたり収益認識する方法に変更しております。加えて，当社グループが代理人として関与したと判定される収益について，総額で収益認識する方法によっておりましたが，純額で収益認識する方法に変更しております。
　収益認識会計基準等の適用については，収益認識会計基準第84項ただし書きに定める経過的な取扱いに従っており，当事業年度の期首より前に新たな会計方針を遡及適用した場合の累積的影響額を，当事業年度の期首の利益剰余金に加減し，当該期首残高から新たな会計方針を適用しております。
　この結果，当事業年度の売上高は3,551百万円減少，売上原価は2,483百万円減少，販売費及び一般管理費は1,412百万円減少，営業利益，経常利益及び税引前当期純利益はそれぞれ344百万円増加しております。また，利益剰余金の当期首残高は1,625百万円減少しております。
　また，収益認識会計基準等を適用したため，前事業年度の貸借対照表において，「流動資産」に表示していた「売掛金」は，当事業年度より「受取手形，売掛金及

び契約資産」に含めて表示することとしました。また，「流動負債」に表示していた「前受金」は，当事業年度より「前受金」及び「契約負債」に含めて表示することとしました。なお，収益認識会計基準等第89－2項に定める経過的な取扱いに従って，前事業年度について新たな表示方法により組替えを行っておりません。

また，収益認識会計基準第89－3項に定める経過的な取扱いに従って，前事業年度に係る「収益認識関係」注記については記載しておりません。

時価の算定に関する会計基準等の適用

「時価の算定に関する会計基準」（企業会計基準第30号2019年7月4日。以下「時価算定会計基準」という。）等を当事業年度の期首から適用し，時価算定会計基準第19項及び「金融商品に関する会計基準」（企業会計基準第10号2019年7月4日）第44-2項に定める経過的な取扱いに従って，時価算定会計基準等が定める新たな会計方針を将来にわたって適用することとしています。なお，財務諸表に与える影響は軽微であります。

（表示方法の変更）

不動産事業に関する変更

従来，不動産賃貸収入および不動産賃貸原価については，「営業外収益」及び「営業外費用」に計上しておりましたが，当事業年度より，「売上高」及び「売上原価」に計上する方法に変更しております。

当社は2021年12月に複数の信託受益権を取得いたしました。また，不動産賃貸業務が長期的かつ安定的な収益の確保につながると判断し，当事業年度より新たな収益部門として事業化することといたしました。これに伴い，事業運営の実態をより適切に表示するために表示方法の変更を行ったものであります。

この結果，前事業年度の貸借対照表において，「投資その他の資産」の「投資不動産（純額）」に表示していた28,397百万円のうち7,891百万円は「有形固定資産」の「建物（純額）」として，20,505百万円は「有形固定資産」の「土地」として組み替えております。

前事業年度の損益計算書において，「営業外収益」の「不動産賃貸料」に表示し

ていた165百万円は,「売上高」として組み替えております。また,「営業外費用」
の「不動産賃貸費用」に表示していた123百万円のうち98百万円は,「売上原価」
として組み替えております。

貸借対照表関係
　前事業年度において,独立掲記していた「流動負債」の「ポイント引当金」は,
金額的重要性が乏しくなったため,当事業年度より「流動負債」の「その他」に含
めて表示しております。
　この結果,前事業年度の貸借対照表において,「流動負債」の「ポイント引当金」
に表示しておりました446百万円は「その他」として組み替えております。

第2章

情報通信・IT業界の "今" を知ろう

企業の募集情報は手に入れた。しかし，それだけでは
まだ不十分。企業単位ではなく，業界全体を俯瞰する
視点は，面接などでもよく問われる重要ポイントだ。
この章では直近1年間の運輸業界を象徴する重大
ニュースをまとめるとともに，今後の展望について言
及している。また，章末には運輸業界における有名企
業（一部抜粋）のリストも記載してあるので，今後の就
職活動の参考にしてほしい。

▶▶人をつなぐ，世界をつなぐ

情報通信・IT 業界の動向

「情報通信・IT」は，情報通信や情報技術に関わる業界である。時代は「パソコン」から，スマートフォン，タブレット端末といった「モバイル」へとシフトしている。

❖ IT情報サービスの動向

　情報技術 (IT)の適用範囲は，さまざまな企業や職種，そして個人へと加速度的に広がっている。2022年の国内IT市場規模は，前年比3.3％増の6兆734億円となった。ITサービス事業者の業務にリモートワークが定着し，停滞していた商談やプロジェクト，サービス提供が回復したことが要因と見られる。

　引き続きスマートフォンが市場を牽引しているが，今後，海外市場での需要の高まりなどを背景に，設備投資を拡大する組立製造，電力自由化において競争力強化を行う電力／ガス事業，eコマース（EC）がSNSを中心とした新たなチャネルへ移行している情報サービスなどで，高い成長率が期待される。

　また，クラウド化やテレワーク対応などのデジタルトランスフォーメーション（DX）需要がコロナ禍において急増，コロナ後も需要は継続している。

●グローバルな再編が進むIT企業

　新しいツールを駆使したビジネスにおいて，進化の早い技術に対応し，標準的なプラットフォームを構築するためにも，グローバル化は避けて通れない道である。2016年，世界第3位のコンピューターメーカーの米Dellが，ストレージ（外部記憶装置）最大手のEMCを約8兆円で買収した。この巨大買収によって誕生した新生Dellは，仮想化ソフト，情報セキュリティ，クラウド管理サービスなど事業領域を大幅に拡大する。国内企業では，システム構築で業界トップのNTTデータが，2016年3月にDellのITサービ

ス部門を買収した。買収額は約3500億円で，NTTグループでは過去3番目の大型買収である。NTTデータは，2000年代後半から国内市場の成長鈍化を見据えて，欧米を中心にM＆Aを展開してきた。過去12年間で約6000億円を投じ，50社以上を買収したことで，2006年3月期に95億円だった海外売上高は2018年3月期には9080億となっている。同期の全売上高は2兆1171億円で，半分近くを海外での売上が占めている。また，NTTグループは2016年から，産業ロボット大手のファナックとも協業を開始している。ファナックは，製造業のIoT（Internet of Things＝すべてのもののインターネット化）を実現するためのシステム開発を進めており，この運用開始に向けて，ビジネスの拡大をともに目指している。

　ソフトバンクグループもまた，2016年に約3.3兆円で，英半導体設計大手のARMを買収した。日本企業による海外企業買収では，過去最大の規模となる。ARMは，組み込み機器やスマートフォン向けCPUの設計で豊富な実績を持つ企業であり，この買収の狙いも「IoT」にある。あらゆるものをインターネットに接続するためには，携帯電話がスマホになったように，モノ自体をコンピューター化する必要がある。近い将来，IoTが普及すれば，ARM系のCPUがあらゆるものに搭載される可能性につながっていく。

●IoT，ビッグデータ，AI —— デジタル変革の波

　IT企業のグローバル化とともに，近年注目を集めているのが「デジタルトランスフォーメーション（デジタル変革）」である。あらゆる情報がIoTで集積され，ビッグデータやAI（人工知能）を駆使して新たな需要を見出し，それに応える革新的なビジネスモデルが次々と登場している。

　2022年から2023年にかけて話題をさらったのは，米オープンAI社による「チャットGPT」だった。AIによる自然で高度な会話に大きな注目が集まった。米マイクロソフトは2023年1月にオープンAIへの1兆円規模の追加融資を発表。チャットGPTを組み込んだ検索や文章作成などの新サービスを次々と発表した。

　生成AIは従来のAIに比べて性能が飛躍的に向上。前出の文章作成に加え，プログラミングやAIアートなど，その用途は多岐にわたる。今後は生成AIを活用した業務・サービス改善にも注目が集まる。

●サービスのトレンドは，シェアリングエコノミー

　シェアリングエコノミーとは，インターネットを通じて個人や企業が保有

している使っていない資産の貸し出しを仲介するサービスのこと。たとえば，自動車を複数人で利用する（ライドシェア），空き家や駐車場，オフィスを有効活用する（スペースシェア）などがある。

　米国のウーバーが提供しているのは「自動車を利用したい人」と「自動車を所有していて空き時間のある人」をマッチングする配車・カーシェアリングサービス。サービスはアプリに集約されており，GPSで利用者の位置情報を把握して，配車する。車の到着時間といった情報もスマートフォンを通して的確に伝えられる。ウーバーには，2017年にソフトバンクが出資しており，2018年10月にはソフトバンクとトヨタ自動車が新しいモビリティサービスの構築に向けた提携で合意，新会社も設立した。国内のライドシェアサービスには，オリックス自動車や三井不動産レアルティなど，駐車場やレンタカー事業を運営していた大手企業も参入している。

　スペースシェアとしては，家の有効活用として，民泊サービスで有名なエアービー・アンド・ビーがある。このほかにも，駐車場のシェアサービスが，パーク24といった駐車場大手企業も参加して始まっている。また，フリマアプリの「メルカリ」やヤフーオークションも，不要物の再活用という意味でモノのシェアといえる。モノをシェア／再活用するニーズは，若者を中心に広がっており，小売大手の丸井グループがブランドバッグのシェアサービス「Laxus」と事業提携するなど，今後，成長が期待できる分野といえる。

❖ 通信サービスの動向

　携帯通信業界は，自前の回線を有するNTTドコモ，KDDI（au），ソフトバンクの3社（キャリア）を中心に伸びてきた。総務省によれば，日本の携帯電話の契約数は2022年3月の時点で2億302万件となっている。スマホの普及により，高齢者や10代の利用者が増加しており，市場としては，引き続き右肩上がりの成長となっている。しかし，その一方で，たとえばソフトバンク全体の事業において，国内の固定・携帯電話で構成される国内通信事業の売上高は，すでに4割を割っている。NTTグループでも，NTTデータとNTT都市開発の売上高が，全体の2割にまで伸びており，ITサービスカンパニーとして軸足を海外事業に移している。KDDIもまた，住友商事と共にモンゴルやミャンマーで携帯事業に参入してトップシェアを獲得す

るなど，海外進出を拡大させている。国内の通信事業は成熟期を迎えており，今後，契約件数の伸びが期待できないなか，大手3社は新たな収益の実現に向けて，事業領域を拡大する段階に入っている。

●楽天モバイル「0円プラン」廃止で競争激化

　総務省は，2016年よりNTTドコモ，KDDI（au），ソフトバンクの携帯大手に対して，高止まりしているサービス料金の引き下げを目的に，スマートフォンの「実質0円販売」の禁止など，さまざまな指導を行ってきた。2019年10月施行の改正電気通信事業法では，通信契約を条件とする2万円以上の端末値引きが禁じられるとともに，途中解約への違約金上限も大幅に下げられた。

　なかでも有効な政策となっているのが，格安スマホ業者（MVNO）への支援である。MVNOは，通信インフラを持つ大手3社の回線を借りて，通信や通話サービスを提供する事業者のこと。総務省の後押しなどもあり，MVNOの事業者数は2019年3月の時点で1000社を超えた。また，利用者も着実に増えており，調査会社MM総研によると，格安スマホの契約回線数は，2020年3月末には1500万件を超えた。

　モバイル市場全体に占める割合を順調に伸ばしてきたMVNOだが，ここにきてやや苦戦が見られる。大手キャリアが投入する格安プランの好調により，割安感の低下が響いたことが原因に挙げられる。話題となった「0円プラン」が廃止となり，顧客離れの影響を大きく受けた楽天モバイルは，KDDI回線のデータ使用量を無制限にした「Rakuten 最強プラン」を2023年6月に開始したが，巻き返しには至っていない。

●IoTへの対応を見据えた5G

　技術面で注目を集めているのが，2020年に商用化された次世代通信規格の5Gである。5Gは，現行の4Gに比べ，大容量，同時多接続，低遅延・高信頼性，省電力・低コストといった特徴がある。IoTの普及に必須のインフラ技術とされており，これまでの通信規格に求められてきたものに加え，将来期待されるさまざまなサービスへの対応も求められている。低遅延化・高信頼性については，たとえば，自動車の自動運転のような安全・確実性が求められるサービスにおいては必須の要件となる。また，同時多接続は，今後，携帯電話だけでなく，IoTで接続される機器の爆発的な増加が予想されることから，4Gの100倍の接続数が求められている。

キャリア各社はすでに，コンテンツサービスの拡充，ロボットの遠隔操作，自動運転などの実証実験を進めている。MVNOに対して，スマートフォン向け回線サービスは提供されたとしても，すべてのサービスが対象となるかは不透明といえる。5Gの普及によって，キャリアの携帯ゆえに享受できるサービスが大きく進化すれば，料金の安さでMVNOを選択している利用者の判断にも影響が出る可能性もある。

❖ eコマース（EC）市場の動向

　インターネットを通じて商品やサービスを売買する「eコマース」（EC）は順調に拡大しており，経済産業省の発表では，2021年の消費者向け（BtoC）電子商取引の市場規模は20兆6950億円となった。

　市場を牽引してきたのは，楽天とアマゾン，そして，YahooやZOZOを傘下に抱えるZホールディングスである。楽天やZホールディングスは企業や個人の出品者に売り場を提供する「モール型」，アマゾンは自社で商品を仕入れる「直販型」が主流だったが，近年はアマゾンも「モール型」のビジネスを取り入れている。また，会費制の「アマゾン プライム」では，映画や音楽の無料視聴，写真データの保存など，多くのサービスを展開している。2017年4月からは生鮮食品を扱う「アマゾン フレッシュ」を開始，ネットスーパー業界にも進出した。楽天は米ウォルマートと業務提携し，ネットスーパーを開始するほか，朝日火災海上保険（楽天損害保険）や仮想通貨交換業のみんなのビットコインを買収するなど，通販以外の分野にも投資を続けている。Zホールディングスは21年3月には　LINEを経営統合。両者の顧客基盤を掛け合わせた新たなサービスを模索し，国内首位を目指している。

　コロナ禍の巣篭もり特需で，3社とも売上を大きく伸ばした。利用習慣の定着化により，中小企業や個人の販売も拡大している。

●フリマアプリの躍進と越境ECの伸長

　フリマアプリでは「メルカリ」が国内で強さを誇る。メルカリは，個人間（CtoC）による物品売買を行うスマホアプリとして，2013年7月に国内サービスを開始した。誰でも簡単にスマホで売りたいものを撮影して，マーケットプレイスに出品できる手軽さと，個人情報を知られずに取引を完了できるといったきめ細かいサービスが爆発的人気の背景にある。しかし，新型

コロナウイルスによる巣ごもり特需が終了し，EC市場に逆風が吹いたこともあり，やや伸び悩みが見られる。2022年の6月期決算では売上高は1470億円と前年比38.6％増となったが，営業利益はマイナス37億と赤字決算になってしまった。

　「越境EC」といわれる海外向けのネット通販も，市場を拡大している。中国ではモバイル端末の普及が進み，中国インターネット情報センター（CNNIC）の発表では2020年6月時点でネット利用者は9億人とされている。2019年の中国国内EC売上高は約204兆円に達し，越境ECも10兆円を超えている。2014年に，中国最大のECサイト・アリババが海外業者向けの「天猫国際」を開設した。現在，メーカーから流通，小売まで，多くの日本企業が出店し，大きな成果を上げている。にサービスを開始し，2016年，2017年には中国における越境ECのトップシェアを獲得している。同社は，2017年には日本支社も設立，認知拡大，商品の仕入れ活動を本格化させている。経済産業省によると，2017年度の中国人による越境ECを通じた日本からの購入金額は1兆2978億円だった。日本の事業者にとって，越境ECの利用は，海外に直接出店するリスクがなく，マーケットは広がり，初期投資を抑えながら海外進出を狙えるメリットがある。

情報通信・IT 業界

直近の業界各社の関連ニュースを
ななめ読みしておこう。

Google、生成AIで企業需要開拓　Microsoftに対抗

米グーグルが文章や画像を自動で作る生成AI（人工知能）で企業需要の開拓に本腰を入れる。生成AIを組み込んだサービスを開発するための基盤を整え、コストを左右する半導体の自社開発も強化する。企業向けで先行する米マイクロソフトに対抗し、早期の投資回収につなげる。

グーグルのクラウドコンピューティング部門で最高経営責任者（CEO）を務めるトーマス・クリアン氏が日本経済新聞の取材に応じた。同氏は「経済が不安定で一部の企業がIT（情報技術）投資を減速させる一方、AIを使って業務を自動化するプロジェクトが増えてきた」と述べた。

同社はクラウド部門を通じて企業に生成AI関連のサービスを提供する。クリアン氏はサービス開発に使う大規模言語モデルなどの種類を増やし、企業が目的に応じて選べるようにすることが重要だと指摘した。自社開発に加え外部からも調達する方針で、米メタや米新興企業のアンソロピックと連携する。

半導体の調達や開発も強化する。AI向けの画像処理半導体（GPU）を得意とする米エヌビディアとの関係を強め、同社の最新モデル「GH200」を採用する。一方、自社開発も強化し、学習の効率を従来の2倍に高めた「TPU」の提供を始めた。クリアン氏は人材採用などにより開発体制をさらに強化する考えを示した。

グーグルは生成AIを使った米ハンバーガーチェーン大手、ウェンディーズの受注システムの開発を支援したほか、米ゼネラル・モーターズ（GM）と車載情報システムへの対話AIの組み込みで協力している。企業による利用を増やすため、「成果を上げやすいプロジェクトを一緒に選定し、コストなどの効果を測定しやすくする」（クリアン氏）としている。

大手企業に加えて、伸び代が大きい新興企業の取り込みにも力を入れる。クリアン氏は生成AI分野のユニコーン企業の70%、外部から資金提供を受けたAI

新興企業の50%が自社の顧客であると説明した。グーグルのサービスを使うと学習や推論の効率を2倍に高められるといい、「資金の制約が大きい新興勢の支持を受けている」と説明した。

生成AIの企業向けの提供では米オープンAIと資本・業務提携し、同社の技術を利用するマイクロソフトが先行した。同社のサティア・ナデラCEOは4月、「すでにクラウド経由で2500社が利用し、1年前の10倍に増えた」と説明している。グーグルも企業のニーズにきめ細かく応えることで追い上げる。

生成AIの開発と利用に欠かせない高性能のGPUは奪い合いとなっており、価格上昇も著しい。この分野で世界で約8割のシェアを握るエヌビディアの2023年5〜7月期決算は売上高が前年同期比2倍、純利益が9倍に拡大した。生成AI開発企業にとっては先行投資の負担が高まる一方で、株式市場では「投資回収の道筋が明確ではない」といった声もある。グーグルやマイクロソフトなどのIT大手にも早期の収益化を求める圧力が強まっており、安定した取引が見込める企業需要の開拓が課題となっている。

各社が生成AIの投資回収の手段として位置付けるクラウド分野では、世界シェア首位の米アマゾン・ドット・コムをマイクロソフトが追い上げている。グーグルは3番手が定着しているが、クリアン氏は「(生成AIで業界構図が) 変わる。将来を楽観している」と述べた。長年にわたって世界のAI研究をリードしてきた強みを生かし、存在感を高める考えだ。

(2023年9月3日　日本経済新聞)

Apple、日本拠点40周年　アプリ経済圏460億ドルに

米アップルは8日、アプリ配信サービス「アップストア」経由で提供された日本の商品やサービスの売上高が2022年に計460億ドル(約6兆5500億円)にのぼったと発表した。今年6月に拠点設立から丸40年を迎えた日本で、アップルの存在感は大きい。一方で規制強化の動きなど逆風もある。

ティム・クック最高経営責任者(CEO)は「我々は日本のものづくりの匠(たくみ)の技とデザインが持つ付加価値などについて話し合っている。記念すべき40周年を共に祝えて誇りに思う」とコメントを出した。日本の「アプリ経済圏」の460億ドルのうち、小規模な開発業者の売り上げは20〜22年に32%増えたという。

1976年に故スティーブ・ジョブズ氏らが創業したアップル。7年後の83年6

月に日本法人を設けた。それまでは東レなどがパソコン「アップル2」の販売代理店を担い、日本法人の立ち上げ後も一時はキヤノン系が販売を請け負った。2003年には海外初の直営店を東京・銀座に開店し、今は福岡市や京都市などに10店舗を構える。

もともとジョブズ氏は禅宗に通じ、京都を好むなど日本に明るいことで知られた。ソニーを尊敬し、創業者の盛田昭夫氏が死去した1999年のイベントでは盛田氏の写真をスクリーンに映して「新製品を彼に喜んでほしい」と追悼の意を表した。

01年に携帯音楽プレーヤー「iPod」を発売すると、「ウォークマン」やCDの規格で主導していたソニーから音楽業界の主役の座を奪った。日本の家電メーカーにとっては驚異的な存在だったとも言える。

アップルから見ると、日本は製造・販売両面で重要拠点だ。主力スマートフォン「iPhone」で国内の電子部品市場は拡大し、1000社近い巨大なサプライチェーン（供給網）を築いた。「アプリ関連やサプライヤーで100万人を超える日本の雇用を支えている。過去5年間で日本のサプライヤーに1000億ドル以上を支出した」と説明する。

販売面では一人勝ち状態が続く。調査会社MM総研（東京・港）によると、22年のスマホの国内シェアはアップルが約49%と半分に迫り、携帯電話シェアで12年から11年連続で首位に立つ。タブレットのシェアも約50%、スマートウオッチも約60%にのぼる。

「爆発的に普及するとは全く思わなかった」。ジョブズ氏と縁のあった孫正義氏が率いていたソフトバンクが「iPhone3G」を独占販売する際、他の通信大手幹部は「冷ややかな目で見ていた」と振り返る。だが、iPhone人気でソフトバンクは新規顧客を集め、通信業界の勢力図を塗り替えた。11年にはKDDI、13年にNTTドコモが追随し、後に政府から批判される値引き競争や複雑な料金プランにつながっていく。

日本の存在感の大きさはアップルの決算発表にも表れる。資料では毎回、米州、欧州、中華圏、日本、その他アジア太平洋地域という5つの地域別売上高を開示する。単体の国として分けているのは日本だけで、米テクノロジー大手では珍しい。

最近は陰りも見える。足元の日本の売上高は前年同期比11%減で、売上高全体における比率は6%にとどまった。円安や値引き販売の抑制などが理由だが、アップル関係者からは「製造も販売も我々は既にインドを見ている」という声も上がる。

アプリ経済圏の先行きも不透明だ。政府のデジタル市場競争会議は6月、他社が運営する代替アプリストアをアップルが受け入れるよう義務付けるべきだと指摘した。販売減少や規制強化といった逆風を越えられるか——。次の40年に向けた新たな施策が求められる。

（2023年8月8日　日本経済新聞）

初任給、建設・ITで大幅増　若手確保に企業奔走

初任給を大幅に引き上げる企業が相次いでいる。2023年度の初任給伸び率ランキングをみると建設や運輸業界、情報ソフト、通信業界での引き上げが目立つ。新型コロナウイルス禍から経済活動が正常化に進む中、若手確保に動く企業が多いようだ。

日本経済新聞社が実施した23年度の採用計画調査をもとに大卒初任給の前年度比伸び率ランキングを作成。調査は4月4日までに主要企業2308社から回答を得た。

首位は商業施設の設計・施工などを手掛けるラックランドで30.7%増の26万6600円だった。初任給の引き上げは16年ぶりだ。加えて入社4年目まで基本給を底上げするベースアップ（ベア）を毎年3%実施する。施工管理者から営業、設計、メンテナンスまで幅広い人材獲得を目指す。

背景にあるのが年々増す採用の厳しさだ。人事担当者は「22年度は内定辞退が増え採用目標数を割った」と言う。引き上げ後の初任給は全業界平均22万8471円を大きく上回った。6月に解禁した24年卒の採用活動では社長面談の時期を早めるなど学生の獲得策を強化しており、「内定承諾のペースは昨年と比べると速い」という。

石油精製・販売の三愛オブリも大卒初任給を24.9%引き上げ26万円とした。同社は23年度に手当の一部を基本給に組み入れる賃金制度の改定で全社員の基本給が大幅増となった。空港の給油施設運営などを手掛けるなかで空港内作業者の初任給も同水準で引き上げており「採用に弾みをつけたい」とする。

航海士など特殊な技術や知識を要する人材も奪い合いだ。業種別の初任給伸び率ランキングで首位だった海運は業界全体で6.7%増と大幅に伸ばした。なかでもNSユナイテッド海運は大卒初任給で21.1%増の26万3700円。2年連続で初任給を引き上げた。

ゲームなどを含む情報ソフトや金融関連、通信業界なども初任給引き上げが顕

著だ。IT（情報技術）エンジニア確保が目的だ。実際、企業ランキング２位は
スクウェア・エニックス・ホールディングス。全社員の給与も平均10％引き
上げており、「物価高騰に加え新たに優秀な人材の獲得強化を見込む」とする。
実はゲーム業界に初任給引き上げドミノが起きている。バンダイナムコエン
ターテインメントは22年度に大卒初任給を前年度比25％上げて29万円とし
た。カプコンなども22年度に実施。23年度にはスクウェア・エニックスに加
え任天堂が１割増の25万6000円とした。中堅ゲーム会社幹部は「（優秀な人
材の）つなぎ留めのために賃上げをしないと、他社に流出してしまう」と危機
感を隠さない。

金融も初任給の引き上げが目立った。三井住友銀行は初任給を16年ぶりに引
き上げ、大卒で24.4％増の25万5000円とした。スマホ金融などの強化に
必要なデジタル人材はあらゆる業界で奪い合いになっている。

三井住友銀に続き、みずほフィナンシャルグループは24年に５万5000円、
三菱UFJ銀行も同年に５万円、それぞれ初任給を引き上げることを決めている。
ネット専業銀行や地方銀行も相次ぎ初任給引き上げに走っている。

一方、初任給の伸びが低かったのが鉄鋼業界。前年比ほぼ横ばいだった。初任
給は春季労使交渉で決まる場合が多く、鉄鋼大手は効率化などを目的に交渉を
２年に１度としている。23年は労使交渉がなかったことが影響したとみられる。
倉庫・運輸関連は前年比0.9％増、水産や自動車・部品が１％増となった。例
年に比べれば高い賃上げ率だが、各業界とも初任給の全体平均額を下回ってい
る。

過去にも人手不足感が高まると、初任給を引き上げる傾向が強まった。しかし
23年は企業の焦りが感じられる。初任給伸び率が2.2％増となり、10年以降
で最大の伸び率となっているのだ。24年度以降の持続性もカギとなりそうだ。
法政大学の山田久教授は「全体の賃金上昇傾向が続くかは経済の情勢次第で不
透明感が残るが、初任給引き上げ競争は今後も続くだろう」とみる。少子高齢
化で若年労働人口が減る中、企業はIT人材から現場労働者まで若手の採用力
強化が必須となっている。　　　　　　（2023年６月18日　日本経済新聞）

NVIDIAとTSMC、生成AIに専用半導体　年内投入へ

半導体設計大手の米エヌビディアと半導体受託生産首位の台湾積体電路製造
（TSMC）が、生成AI向けの専用半導体を年内に投入する。AIが回答を導き出

す過程の速度を前世代品に比べて最大12倍にする。半導体は「新型コロナウイルス特需」の反動で市況が悪化するなか、米台の2強が次の成長分野でリードを固める。

「(AI向け半導体の)需要は非常に強い。サプライチェーン(供給網)のパートナーとともに増産を急いでいる」

エヌビディアのジェンスン・ファン最高経営責任者(CEO)は30日、台北市内で記者会見し、生成AI向け市場の成長性を強調した。台湾出身のファン氏は同日開幕したIT(情報技術)見本市「台北国際電脳展」(コンピューテックス台北)に合わせて訪台した。

エヌビディアはAI分野で広く使われる画像処理半導体(GPU)を手掛け、AI向け半導体で世界シェア8割を握る。「Chat(チャット)GPT」に代表される対話型の生成AIの急速な進化を受け、AIのデータ処理に特化した専用半導体を年内に投入する。

エヌビディアが設計した半導体をTSMCが量産する。AIが質問への回答を導き出す「推論」のスピードを前世代品に比べて最大12倍に速める。

生成AIサービスの多くは、データセンターのサーバー上で開発・運用されている。GPUは膨大なデータをAIに学ばせて回答の精度を上げていく「学習」と、利用者から質問などを受けてAIが答えを導く「推論」の両方に使われる。

特にエヌビディアのGPUは「(AI用途への)最適化が進んでおり、大きな先行者優位がある」(台湾調査会社トレンドフォースの曾伯楷アナリスト)。

チャットGPTを開発した米新興オープンAIは、サービス開発に約1万個のGPUを用いているとされる。トレンドフォースは技術の高度化に伴い、今後は一つのサービスを開発・運用するのに3万個以上のGPUが必要になると予測する。

ゲームや動画編集に使われる一般的なGPUは市販価格が1個10万円以下のものもあるが、AI向け高性能GPUは100万円を優に超える。需要が伸びれば市場全体へのインパクトも大きい。

独調査会社スタティスタは、生成AIがけん引するAI向け半導体の市場規模が、2028年に21年比で12倍の1278億ドル(約18兆円)に急拡大すると予測する。半導体市場全体が22年時点で80兆円規模だったのと比べても存在感は大きい。

エヌビディアを支えるのは、半導体の量産技術で世界トップを走るTSMCだ。新たに投入する生成AI向け半導体を含め、AI向け高性能GPUを独占的に生産する。

両社の関係は1990年代半ばに遡る。創業間もないエヌビディアは、生産委託先の確保に苦しんでいた。台湾出身のファンCEOが頼ったのは当時、半導体受託生産で躍進しつつあったTSMC創業者の張忠謀（モリス・チャン）氏だった。

張氏が電話で直接交渉に応じ、両社の取引がスタートしたという。以後30年近くにわたり、TSMCはゲームからパソコン、AI向けに至る幅広い製品を供給してきた。

近年はAI向け半導体の性能向上の鍵を握る「パッケージング技術」の開発で関係を深めている。異なる機能を持つ複数の半導体を一つのパッケージに収め、効率よく連動させる技術だ。

エヌビディアは2010年代中盤にいち早く同技術をGPUに採用。量産技術を開発するTSMCと二人三脚で、性能向上を実現してきた。

生成AI向け半導体の開発競争は激化が見込まれる。米グーグルや米アマゾン・ドット・コムといったIT大手が、独自に半導体の設計に乗り出している。両社ともエヌビディアの大口顧客だが、自前の半導体開発によってサービスの差別化やコスト低減を狙う。

そのIT大手も半導体の生産は外部委託に頼らざるを得ない。エヌビディアとTSMCの緊密な関係は、今後の競争で有利に働く可能性がある。

20年〜22年前半にかけて好調が続いた世界の半導体市場は、足元で厳しい状況にある。コロナ特需の反動でパソコンやスマホ、ゲーム機などの販売が落ち込み、全体的な市況の回復は24年になるとの見方が強い。TSMCは23年12月期通期に前の期比で減収（米ドルベース）を見込む。

生成AIはスマホなどに代わる半導体市場のけん引役となることが期待される。TSMCの魏哲家CEOは4月中旬の記者会見で「AI向けの需要は強く、業績成長の原動力となる」と強調した。

ファン氏も30日の記者会見で「我々は間違いなく、生成AIの新時代の始まりにいる」と述べ、業界が大きな成長局面に入りつつあると指摘した。生成AIの進化を支える製品を供給できるかが、市場全体の成長を左右する。

（2023年5月30日　日本経済新聞）

5G網整備へ技術者争奪　携帯電話大手4社、14%増員

高速通信網を整備する技術者の争奪が激しい。携帯大手4社は2022年3月

末に技術者を前年同期比14％増やした。転職者の平均年収も新型コロナウイルス禍のときと比較して2割上昇した。足元ではIT（情報技術）・通信エンジニアの転職求人倍率は全体を大きく上回っている。

高速通信規格「5G」の利用区域を広げるため需要は高まる。通信基盤を支える人材の不足が続けば日本のデジタル化に響きかねない。

総務省の調査によると、携帯大手4社の無線従事者や保守などの技術者数は22年3月末時点で計3万5400人だった。

企業ごとに定義の異なる部分はあるものの、前年同期比の伸び率は楽天モバイルが最大の34％増の3500人。次いでソフトバンクが28％増の1万800人、NTTドコモが7％増の1万2100人、KDDIが5％増の8800人と続いた。

5Gの通信速度は4Gの最大100倍で遅延したときの影響は10分の1に低下するとされる。スマートシティーや自動運転、工場機器の遠隔制御などに生かせば、新たなビジネスにつながる。

30年ごろには次世代の6Gへの移行が始まる見込みだが、技術革新とともに複雑なネットワーク構築を求められる。

ソフトバンクの担当者は「災害対策に加えて、5G基地局の整備のために技術者を増やしている」と説明する。KDDIも基地局の保守・運用に関わる技術者の需要は引き続き大きいとみる。

新型コロナで社会のデジタル化の要請が高まり、通信業界の技術者不足は厳しさを増す。KDDIなどで大規模な通信障害が相次いだことも通信網の重要性を意識させた。

人材サービス大手のエン・ジャパンによると、エンジニアが転職した際の22年の平均年収は新型コロナで底となった20年比19％増の519万円だった。

同社で通信業界を担当する星野玲氏は「通信業界は人材獲得が難しい。売り手市場で適正水準を上回る年収を示す事例が多い」と話す。従来は700万円程度が上限だったが、いまは900万円ほどに上がっているという。

携帯大手が求めるネットワーク技術者の22年の求人数は20年より45％増えた。パーソルキャリアの転職サービスのdoda（デューダ）によると、足元の23年2月のIT・通信エンジニアの転職求人倍率は10.19倍で、全体の2.15倍を上回った。

問題はこうした需要をまかなうだけの人材がいないことだ。経済産業省は30年に国内で最大79万人のIT人材が不足すると予測する。

政府は電力・ガス、道路、鉄道などのインフラ点検で規制を緩和し、ドローンや人工知能（AI）の導入を促す。通信でも保守・運用を自動化すれば余剰人員

を競争分野に振り向けることができる。

稲田修一早大教授は「通信業界は他分野に比べて省人化が進んでいるとは言えない」として改善が不可欠だと指摘する。

総務省によると、5Gの全国人口カバー率は22年3月末時点で93%とまだ行き渡っていない。新型コロナで露呈したデジタル化の遅れを取り戻すためにも、5G網づくりを急ぐ必要がある。

（2023年4月19日　日本経済新聞）

IT業界特化のSNSアプリ　HonneWorks

企業の平均年収をまとめたウェブサイトを運営するHonneWorks（ホンネワークス、神奈川県茅ケ崎市）は、IT（情報技術）業界で働く会社員向けに特化したSNS（交流サイト）アプリの提供を始める。利用者は匿名で参加できるが、ホンネワークスが職場のメールアドレスから勤務先を確認する点が特徴。信頼度の高い情報の交換につなげ、転職希望者に役立ててもらう。事業拡大に備え、ベンチャーキャピタル（VC）のゼロイチキャピタルなどからJ-KISS型新株予約権方式で約3000万円を調達した。

（2023年3月7日　日本経済新聞）

ITエンジニア、転職年収2割増　製造業や金融で引き合い

IT（情報技術）エンジニアについて、製造業や金融など非IT系の事業会社に転職した際の年収の上昇が目立つ。2022年までの2年間で2割上がり、エンジニア全体の平均を上回った。デジタルトランスフォーメーション（DX）化などを背景に、社内のシステム構築などの業務が増えた。IT業界以外の企業は、社内にITに詳しい人材が少ない。即戦力となる経験者を中心に高い年収を提示し獲得を急いでいる。

東京都在住の30代男性は、22年12月にITシステムの開発企業から鋼材系メーカーの社内システムエンジニア（SE）に転職した。自社のITインフラの整備をしている。転職で年収は50万円ほど上がった。

以前はクライアント先のシステム開発を担当していた。自社のシステムは利用者からの反応なども確認しやすく、やりがいを感じるという。

人材サービス大手のエン・ジャパンによると、同社の運営する人材紹介サービス「エン エージェント」を通じて決まったITエンジニアの転職のうち、非IT企業の初年度年収（転職決定時、中央値）は22年が516万円。ITエンジニア全体（511万円）を上回る。

上昇率も同様だ。非IT企業は新型コロナウイルスの感染が広がった20年に比べ95万円（22.6％）高い。ITエンジニア全体（21.4％）に比べ、伸びの勢いが目立つ。

背景にあるのが新型コロナ禍を契機とした、IT人材の不足だ。パーソルキャリア（東京・千代田）の転職サービスのdoda（デューダ）のまとめでは、22年12月のIT・通信エンジニアの中途採用求人倍率は12.09倍。全体（2.54倍）を大きく上回った。経済産業省は30年に日本で最大79万人のIT人材が不足すると予測する。

新型コロナの感染拡大で非IT系業種も含め、ビジネス現場のデジタル化が加速した。リモートでの就業環境を整えるだけでなく、経営の中にデジタル化をどう位置づけ推進するのかといった課題が生まれた。

既存システムの安定稼働やメンテナンスといったコロナ禍前からの業務に加え、リモート化や各種セキュリティー強化に取り組む人材が必要になった。

経営管理の観点からは、中長期のIT戦略投資の立案や社内の人材育成も求められるようになった。5年以上のIT実務の経験者や、経営を視野に入れITプロジェクトを進められるミドル層の需要が高まった。特に非IT系業種はこうした人材資源がIT企業に比べ薄く、中途採用を活用せざるを得ない。

dodaによると、22年10〜12月期のITエンジニアの新規求人のうち、年収が700万円以上の件数は35％だった。19年同期の19％から16ポイント増えた。大浦征也doda編集長は「事業会社は経験者を採用できなければ競合に後れを取るとの意識がある」としたうえで「採用基準を下げるのではなく、賃金を引き上げてでも人材を獲得しようという動きが強まった」とみる。

中途採用をいかしデジタル関連業務の内製化を進めることで、コストの削減も期待できる。クレディセゾンは19年にITエンジニアの中途採用を始め、20年以降も即戦力となる30〜40代を中心に獲得を進める。同社は「内製した案件の開発コストは外部依頼の場合と比べ、21〜22年度の累計で約6割削減できる見通し」と説明する。

（2023年2月8日　日本経済新聞）

▶ 労働環境

職種：代理店営業　　年齢・性別：20代後半・男性

・以前は年功序列の風潮でしたが，今は実力主義になってきています。
・会社への利益貢献ができ，上司の目に留まれば出世は早いでしょう。
・自己PRが上手で，失敗・成功に関わらず原因分析できることが重要。
・上司の目に留まらなければ，芽が出ないまま転職する人も。

職種：システムエンジニア　　年齢・性別：20代後半・男性

・転勤が本当に多く，それは女性も例外ではありません。
・入社時に「総合職は転勤があるが大丈夫か？」と確認されます。
・3～7年で異動になりますが，その都度転勤の可能性があります。
・家庭を持っている人や家を持っている人は単身赴任になることも。

職種：法人営業　　年齢・性別：30代前半・男性

・残業は月に20時間程度で，ワークライフバランスがとりやすいです。
・休日出勤はほとんどなく，1年に数回あるかどうかです。
・有給休暇はしっかりと取れるので，休暇の計画は立てやすいです。
・子どもの各種行事に積極的に参加している人も周りに多くいます。

職種：営業アシスタント　　年齢・性別：20代前半・女性

・全体的にかなり風通しの良い職場です。
・飲み会や遊びの計画が多く，社員同士の仲はとても良いです。
・社員の年齢層は比較的若めで，イベント好きな人が多い印象です。
・東京本社の場合，ワンフロアになっており全体が見渡せる作りです。

▶福利厚生

職種：代理店営業　　年齢・性別：20代後半・男性

・独身のうちは社宅（寮）に入ることができます。
・社宅は多少年数が経っていますが，きれいな物が多いです。
・家賃もかなり安くて，住宅補助についてはかなり満足できます。
・住宅補助以外にも，保養施設や通勤補助は非常に充実しています。

職種：法人営業　　年齢・性別：20代前半・男性

・多くの企業のスポンサーのため，各種チケットをもらえたりします。
・某有名遊園地の割引券も手に入ります。
・住居手当，育児休暇など福利厚生全般はかなり充実しています。
・通常の健康診断以外にも人間ドックを無料で受けることができます。

職種：マーケティング　　年齢・性別：20代後半・男性

・各種福利厚生は充実しており，なかでも住宅補助は手厚いです。
・社宅は借り上げで月1～2万円で，家賃10万以上の物件に住めます。
・社宅住まいの場合，年収に換算すると年100万弱の手当となります。
・健康診断・人間ドック，フィットネスなども利用できます。

職種：ネットワーク設計・構築　　年齢・性別：30代後半・男性

・福利厚生は充実しており，有給休暇は2年目から年20日もらえます。
・夏季休暇は5日，年末年始は6日の休暇が付与されます。
・労働組合が強いため，サービス残業はなく，残業代は全額出ます。
・残業時間は，職場にもよりますが，月20～30時間程度かと思います。

▶仕事のやりがい

職種：営業マネージャー　　年齢・性別：40代後半・男性

・大規模な通信インフラの構築や保守に力を入れています。
・通信業界の技術進歩は目覚ましいものがあり，夢があります。
・数年後にどんなサービスができるか予想できない面白さがあります。
・人々の日常生活に欠かせないものに携われるやりがいがあります。

職種：販促企画・営業企画　　年齢・性別：20代後半・男性

・企画部門では若手でもやりがいのある大きな仕事を任されます。
・関わる部門や担当が多岐にわたる場合，調整が大変なことも。
・事務系社員は2～3年毎にジョブローテーションがあります。
・常に自身のキャリアパスをしっかり考えておくことが重要です。

職種：法人営業　　年齢・性別：30代前半・男性

・やった分だけ成果としてあらわれるところが面白いです。
・チームプレイの難しさはありますが，勉強になることが多いです。
・自分個人で考える部分とチームで動くところのバランスが大切。
・お客様に革新的な製品を常に提案できるのは素晴らしいと思います。

職種：経営企画　　年齢・性別：20代前半・男性

・良くも悪くも完全に社長トップダウンの会社です。
・会社の成長度に関しては日本随一だと思います。
・日々学ぶことが多く，熱意をもって取り組めば得るものは大きいです。
・驚くぐらい優秀な人に出会えることがあり，非常に刺激になります。

▶ ブラック？ホワイト？

職種：ネットワークエンジニア　　年齢・性別：30代後半・男性
- 会社全体のコミュニケーションが弱く，情報共有がされにくいです。
- 会社のどこの部署が何を行っているかわかりません。
- 分野が違う情報は同期などのツテを頼って芋づる式に探す有様です。
- 製品不具合情報等の横展開もほとんどなく，非常に効率が悪いです。

職種：代理店営業　　年齢・性別：20代後半・男性
- 殿様商売と世間では言われていますが，まさにその通り。
- 過去の遺産を食いつぶしているような経営方針で不安になります。
- 消費者の声はほぼ届かず，上からの声だけ受け入れている感じです。
- 40代後半の上層部はかなりの保守派で，時代の流れに抗っています。

職種：プロジェクトリーダー　　年齢・性別：30代前半・男性
- 裁量労働制なので，残業代はありません。
- みなし労働時間は，月35時間残業相当の専門職手当が支払われますが，その範囲で業務が収まるわけがなく，長時間の残業が発生します。
- 残業前提のプロジェクト計画で黒字を目論む企業体質は健在です。

職種：システムエンジニア　　年齢・性別：20代後半・男性
- 裁量労働制が導入されてからは残業が常態化しています。
- 定時で帰ろうものなら「あれ？　何か用事？」と言われます。
- 以前は45時間以上残業する際は申請が必要なほどでしたが，裁量労働制導入後は残業が75時間を越えても何も言われません。

▶ 女性の働きやすさ

職種：代理店営業　　年齢・性別：30代前半・男性

・女性の労働環境がかなり整っている会社だと思います。
・出産時に一旦休み，復帰してくるケースは多いです。
・復帰後も時間短縮勤務ができるため，退職する女性は少ないです。
・会社側は女性の活用について，今後も更に取り組んでいくようです。

職種：システムエンジニア　　年齢・性別：20代前半・男性

・住宅手当など，既婚者が働きやすい環境づくりに力を入れています。
・産休・育休など社内の既婚者はほとんど活用されているようですが，
　実力主義という点はどうしてもあるので覚悟は必要です。
・産休・育休で仕事ができなくなる人は，部署移動や給与にも影響。

職種：社内SE　　年齢・性別：20代後半・女性

・産休，育休を使う人も多く，女性にはとても良い環境だと思います。
・外部講師を招き，女性の環境向上のためのセミナーなどもあります。
・会社として女性の待遇にとても力を入れているのを感じます。
・年配の上司によっては，差別的な見方の方もまだ若干いますが。

職種：システムエンジニア　　年齢・性別：20代後半・女性

・課長，部長，統括部長，事業部長に，それぞれ女性が就いています。
・育児休暇制度が整っていて，復帰して働く女性が年々増えています。
・時短勤務になるため男性に比べて出世は遅くなるようです。
・子育てをしながら管理職に昇進できる環境は整っています。

▶ 今後の展望

職種：営業 　　 年齢・性別：30代前半・男性

・国内市場は飽和状態のため，海外へ行くしかないと思いますが，経営陣に難があるためグローバル進出は難しいかもしれません。
・アジアを中心に市場開拓していますが，先行きは不透明です。
・金融事業は好調のため，引き続き当社の主軸となるでしょう。

職種：サービス企画 　　 年齢・性別：20代後半・男性

・事業規模が非常に大きく，現在は非常に安定しています。
・国内に閉じた事業内容なので，今後の伸びしろは微妙かと。
・海外進出の計画もあるようですが，目立った動きはまだありません。
・業種的にグローバル展開の意義はあまりないのかもしれません。

職種：新規事業・事業開発 　　 年齢・性別：20代後半・男性

・携帯事業以外の新規事業を模索している段階です。
・OTTプレーヤーと言われる企業に勝るサービスの創出に難航中。
・今までの成功体験や仕事のやり方からの脱却がカギだと思います。
・グローバル化にも程遠く，海外志向の人にはオススメできません。

職種：営業 　　 年齢・性別：20代後半・男性

・安定した収益基盤があり，しばらくは安定して推移すると思います。
・通信をベースに，周辺の事業領域が拡大する余地もあると思います。
・今後は海外展開（特にアジア圏）を積極的に進めていくようです。
・日本市場が今後縮小していく中，海外展開は大きなカギになります。

情報通信・IT 業界　国内企業リスト（一部抜粋）

会社名	本社住所
NEC ネッツエスアイ株式会社	文京区後楽 2-6-1 飯田橋ファーストタワー
株式会社システナ	東京都港区海岸 1 丁目 2 番 20 号 汐留ビルディング 14F
デジタルアーツ株式会社	東京都千代田区大手町 1-5-1 大手町ファーストスクエア ウエストタワー 14F
新日鉄住金ソリューションズ 株式会社	東京都中央区新川二丁目 20-15
株式会社コア	東京都世田谷区三軒茶屋一丁目 22 番 3 号
株式会社ソフトクリエイト ホールディングス	東京都渋谷区渋谷 2 丁目 15 番 1 号 渋谷クロスタワー
IT ホールディングス株式会社	東京都新宿区西新宿 8-17-1 住友不動産新宿グランド タワー 21F（総合受付 14F）
ネオス株式会社	東京都千代田区神田須田町 1-23-1 住友不動産神田ビル 2 号館 10F
株式会社電算システム	岐阜県岐阜市日置江 1 丁目 58 番地
グリー株式会社	東京都港区六本木 6-10-1 六本木ヒルズ森タワー
コーエーテクモ ホールディングス株式会社	神奈川県横浜市港北区箕輪町 1 丁目 18 番 12 号
株式会社三菱総合研究所	東京都千代田区永田町二丁目 10 番 3 号
株式会社ボルテージ	東京都渋谷区恵比寿 4-20-3　恵比寿ガーデンプレイス タワー 28 階
株式会社 電算	長野県長野市鶴賀七瀬中町 276-6
株式会社 ヒト・コミュニケーションズ	東京都豊島区東池袋 1-9-6
株式会社ブレインパッド	東京都港区白金台 3-2-10 白金台ビル
KLab 株式会社	東京都港区六本木 6-10-1 六本木ヒルズ森タワー
ポールトゥウィン・ピットクルー ホールディングス株式会社	東京都新宿区西新宿 2-4-1　新宿 NS ビル 11F
株式会社イーブック イニシアティブジャパン	東京都千代田区神田駿河台 2-9 KDX 御茶ノ水ビル 7F
株式会社　ネクソン	東京都中央区新川二丁目 3 番 1 号
株式会社アイスタイル	東京都港区赤坂 1-12-32 号 アーク森ビル 34 階
株式会社 エムアップ	東京都渋谷区渋谷 2-12-19 東建インターナショナルビル本館 5 階

会社名	本社住所
株式会社エイチーム	名古屋市西区牛島町 6 番 1 号 名古屋ルーセントタワー 36F
株式会社ブロードリーフ	東京都品川区東品川 4-13-14 グラスキューブ品川 8F
株式会社ハーツユナイテッドグループ	東京都港区六本木六丁目 10 番 1 号 六本木ヒルズ森タワー 34 階
株式会社ドワンゴ	東京都中央区銀座 4-12-15 歌舞伎座タワー
株式会社ベリサーブ	東京都新宿区西新宿 6-24-1 西新宿三井ビル 14 階
株式会社マクロミル	東京都港区港南 2-16-1 品川イーストワンタワー 11F
株式会社ティーガイア	東京都渋谷区恵比寿 4-1-18
株式会社豆蔵ホールディングス	東京都新宿区西新宿 2-1-1 新宿三井ビルディング 34 階
テクマトリックス株式会社	東京都港区高輪 4 丁目 10 番 8 号 京急第 7 ビル
GMO ペイメントゲートウェイ株式会社	東京都渋谷区道玄坂 1-14-6 渋谷ヒューマックスビル（受付 7 階）
株式会社ザッパラス	東京都渋谷区渋谷 2 丁目 12 番 19 号 東建インターナショナルビル
株式会社インターネットイニシアティブ	東京都千代田区神田神保町 1-105 神保町三井ビルディング
株式会社ビットアイル	東京都品川区東品川 2-5-5 HarborOne ビル 5F
株式会社 SRA ホールディングス	東京都豊島区南池袋 2-32-8
株式会社朝日ネット	東京都中央区銀座 4-12-15 歌舞伎座タワー 21 階
パナソニック インフォメーションシステムズ株式会社	大阪府大阪市北区茶屋町 19 番 19 号
株式会社フェイス	京都市中京区烏丸通御池下る虎屋町 566-1 井門明治安田生命ビル
株式会社野村総合研究所	東京都千代田区丸の内 1-6-5　丸の内北口ビル
サイバネットシステム株式会社	東京都千代田区神田練塀町 3 番地 富士ソフトビル
株式会社インテージホールディングス	東京都千代田区神田練塀町 3 番地 インテージ秋葉原ビル
ソースネクスト株式会社	東京都港区虎ノ門 3-8-21　虎ノ門 33 森ビル 6 階
株式会社クレスコ	東京都港区港南 2-15-1 品川インターシティ A 棟 25 階〜 27 階
株式会社フジ・メディア・ホールディングス	東京都港区台場二丁目 4 番 8 号
株式会社 オービック	東京都中央区京橋 2 丁目 4 番 15 号

会社名	本社住所
TDC ソフトウェア エンジニアリング株式会社	東京都渋谷区代々木 3-22-7 新宿文化クイントビル
ヤフー株式会社	東京都港区赤坂 9-7-1 ミッドタウン・タワー
トレンドマイクロ株式会社	東京都渋谷区代々木 2-1-1　新宿マインズタワー
日本オラクル株式会社	東京都港区北青山 2-5-8
株式会社アルファシステムズ	川崎市中原区上小田中 6 丁目 6 番 1 号
フューチャーアーキテクト 株式会社	東京都品川区大崎 1-2-2 アートヴィレッジ大崎セントラルタワー
株式会社シーエーシー	東京都中央区日本橋箱崎町 24 番 1 号
ソフトバンク・テクノロジー 株式会社	東京都新宿区西五軒町 13-1　飯田橋ビル 3 号館
株式会社トーセ	京都市下京区東洞院通四条下ル
株式会社オービックビジネス コンサルタント	東京都新宿区西新宿六丁目 8 番 1 号 住友不動産新宿オークタワー 32F
伊藤忠テクノソリューションズ 株式会社	東京都千代田区霞が関 3-2-5　霞が関ビル
株式会社アイティフォー	東京都千代田区一番町 21 番地 一番町東急ビル
株式会社 東計電算	神奈川県川崎市中原区市ノ坪 150
株式会社　エックスネット	東京都新宿区荒木町 13 番地 4　住友不動産四谷ビル 4 階
株式会社大塚商会	東京都千代田区飯田橋 2-18-4
サイボウズ株式会社	東京都文京区後楽 1-4-14 後楽森ビル 12F
ソフトブレーン株式会社	東京都中央区八重洲 2-3-1 住友信託銀行八重洲ビル 9 階
株式会社アグレックス	東京都新宿区西新宿 2 丁目 6 番 1 号 新宿住友ビル
株式会社電通国際情報サービス	東京都港区港南 2-17-1
株式会社 EM システムズ	大阪市淀川区宮原 1 丁目 6 番 1 号 新大阪ブリックビル
株式会社ウェザーニューズ	千葉県千葉市美浜区中瀬 1-3 幕張テクノガーデン
株式会社 CIJ	神奈川県横浜市西区平沼 1-2-24　横浜 NT ビル
ネットワンシステムズ株式会社	東京都千代田区丸の内二丁目 7 番 2 号　JP タワー
株式会社アルゴグラフィックス	東京都中央区日本橋箱崎町 5-14 アルゴ日本橋ビル
ソフトバンク株式会社	東京都港区東新橋 1-9-1

第3章

就職活動のはじめかた

入りたい会社は決まった。しかし「就職活動とはそもそも何をしていいのかわからない」「どんな流れで進むかわからない」という声は意外と多い。ここでは就職活動の一般的な流れや内容，対策について解説していく。

▶就職活動のスケジュール

3月	**4**月	**6**月

就職活動スタート

> 2025年卒の就活スケジュールは,経団連と政府を中心に議論され,2024年卒の採用選考スケジュールから概ね変更なしとされている。

エントリー受付・提出

OB・OG訪問

> 企業の説明会には積極的に参加しよう。独自の企業研究だけでは見えてこなかった新たな情報を得る機会であるとともに,モチベーションアップにもつながる。また,説明会に参加した者だけに配布する資料などもある。

合同企業説明会　　**個別企業説明会**

筆記試験・面接試験等始まる（3月〜）

内々定（大手企業）

2月末までにやっておきたいこと

就職活動が本格化する前に，以下のことに取り組んでおこう。
　◎自己分析　◎インターンシップ　◎筆記試験対策
　◎業界研究・企業研究　◎学内就職ガイダンス
自分が本当にやりたいことはなにか，自分の能力を最大限に活かせる会社はどこか。自己分析と企業研究を重ね，それを文章などにして明確にしておき，面接時に最大限に活用できるようにしておこう。

※このスケジュール表は一般的なものです。本年(2019年度)の採用スケジュール表では
ありませんので，ご注意ください。

7月	8月	10月

中小企業採用本格化

内定者の数が採用予定数に満たない企業，1年を通して採用を継続している企業，夏休み以降に採用活動を実施企業（後期採用）は採用活動を継続して行っている。大企業でも後期採用を行っていることもあるので，企業から内定が出ても，納得がいかなければ継続して就職活動を行うこともある。

中小企業の採用が本格化するのは大手企業より少し遅いこの時期から。HPなどで採用情報をつかむとともに，企業研究も怠らないようにしよう。

内々定とは10月1日以前に通知（電話等）されるもの。内定に関しては現在協定があり，10月1日以降に文書等にて通知される。

内々定（中小企業）

内定式（10月〜）

どんな人物が求められる？

多くの企業は，常識やコミュニケーション能力があり，社会のできごとに高い関心を持っている人物を求めている。これは「会社の一員として将来の企業発展に寄与してくれるか」という視点に基づく，もっとも普遍的な選考基準だ。もちろん，「自社の志望を真剣に考えているか」「自社の製品，サービスにどれだけの関心を向けているか」という熱意の部分も重要な要素になる。

理論編

就活ロールプレイ！

内定までの道のりは，大きく分けると以下のようになる。

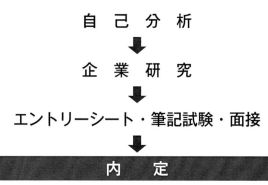

自 己 分 析

↓

企 業 研 究

↓

エントリーシート・筆記試験・面接

↓

内　定

01　まず自己分析からスタート

就職活動とは，「企業に自分をPRすること」。自分自身の興味，価値観に加えて，強み・能力という要素が加わって，初めて企業側に「自分が働いたら，こういうポイントで貢献できる」と自分自身を売り込むことができるようになる。

■自分の来た道を振り返る

自己分析をするための第一歩は，「振り返ってみる」こと。

小学校，中学校など自分のいた"場"ごとに何をしたか（部活動など），何を学んだか，交友関係はどうだったか，興味のあったこと，覚えている印象的なことを書き出してみよう。

■テストを受けてみる

"自分では気がついていない能力"を客観的に検査してもらうことで，自分に向いている職種が見えてくる。下記の5種類が代表的なものだ。

①職業適性検査　　②知能検査　　③性格検査

④職業興味検査　　⑤創造性検査

■先輩や専門家に相談してみる

　就職活動をするうえでは，“いかに他人に自分のことをわかってもらうか”が重要なポイント。他者の視点で自分を分析してもらうことで，より客観的な視点で自己PRができるようになる。

自己分析の流れ

❏過去の経験を書いてみる

❏現在の自己イメージを明確にする…行動，考え方，好きなものなど。

❏他人から見た自分を明確にする

❏将来の自分を明確にしてみる…どのような生活をおくっていたいか。期待，夢，願望。なりたい自分はどういうものか，掘り下げて考える。→自己分析結果を，志望動機につなげていく。

01 企業の絞り込み

　志望企業の絞り込みについての考え方は大きく分けて2つある。

　第1は，同一業種の中で1次候補，2次候補……と絞り込んでいく方法。

　第2は，業種を1次，2次，3次候補と変えながら，それぞれに2社程度ずつ絞り込んでいく方法。

　第1の方法では，志望する同一業種の中で，一流企業，中堅企業，中小企業，縁故などがある歯止めの会社……というふうに絞り込んでいく。

　第2の方法では，自分が最も望んでいる業種，将来好きになれそうな業種，発展性のある業種，安定性のある業種，現在好況な業種……というふうに区別して，それぞれに適当な会社を絞り込んでいく。

02 情報の収集場所

・キャリアセンター

・新聞

・インターネット

・企業情報

『就職四季報』（東洋経済新報社刊），『日経会社情報』（日本経済新聞社刊）などの企業情報。この種の資料は本来"株式市場"についての資料だが，その時期の景気動向を含めた情報を仕入れることができる。

・経済雑誌

『ダイヤモンド』（ダイヤモンド社刊）や『東洋経済』（東洋経済新報社刊），『エコノミスト』（毎日新聞出版刊）など。

・OB・OG／社会人

①成長力

まず"売上高"。次に資本力の問題や利益率などの比率。いくら資本金があっても，それを上回る膨大な借金を抱えていて，いくら稼いでも利払いに追われまくるようでは，成長できないし，安定できない。

成長力を見るには自己資本率を割り出してみる。自己資本を総資本で割って100を掛けると自己資本率がパーセントで出てくる。自己資本の比率が高いほうが成長力もあり安定度も高い。

利益率は純利益を売上高で割って100を掛ける。利益率が高ければ，企業はどんどん成長するし，社員の待遇も上昇する。利益率が低いということは，仕事がどんなに忙しくても利益にはつながらないということになる。

②技術力

技術力は，短期的な見方と長期的な展望が必要になってくる。研究部門が適切な規模か，大学など企業外の研究部門との連絡があるか，先端技術の分野で開発を続けているかどうかなど。

③経営者と経営形態

会社が将来，どのような発展をするか，または衰退するかは経営者の経営哲学，経営方針によるところが大きい。社長の経歴を知ることも必要。創始者の息子，孫といった親族が社長をしているのか，サラリーマン社長か，官庁などからの天下りかということも大切なチェックポイント。

④社風

社風というのは先輩社員から後輩社員に伝えられ，教えられるもの。社風もいろいろな面から必ずチェックしよう。

⑤安定性

企業が成長しているか，安定しているかということは車の両輪。どちらか片方の回転が遅くなっても企業はバランスを失う。安定し，しかも成長する。これが企業として最も理想とするところ。

⑥待遇

初任給だけを考えてみても，それが手取りなのか，基本給なのか。基本給というのはボーナスから退職金，定期昇給の金額にまで響いてくる。また，待遇というのは給与ばかりではなく，福利厚生施設でも大きな差が出てくる。

■そのほかの会社比較の基準

1. ゆとり度

　休暇制度は，企業によって独自のものを設定しているところもある。「長期休暇制度」といったものなどの制定状況と，また実際に取得できているかどうかも調べたい。

2. 独身寮や住宅設備

　最近では，社宅は廃止し，住宅手当を多く出すという流れもある。寮や社宅についての福利厚生は調べておく。

3. オフィス環境

　会社に根づいた慣習や社員に対する考え方が，意外にオフィスの設備やレイアウトに表れている場合がある。

　たとえば，個人の専有スペースの広さや区切り方，パソコンなどOA機器の設置状況，上司と部下の机の配置など，会社によってずいぶん違うもの。玄関ロビーや受付の様子を観察するだけでも，会社ごとのカラーや特徴がどこかに見えてくる。

4. 勤務地

　転勤はイヤ，どうしても特定の地域で生活していきたい。そんな声に応えて，最近は流通業などを中心に，勤務地限定の雇用制度を取り入れる企業も増えている。

---

column　初任給では分からない本当の給与

　会社の給与水準には「初任給」「平均給与」「平均ボーナス」「モデル給与」など，判断材料となるいくつかのデータがある。これらのデータからその会社の給料の優劣を判断するのは非常に難しい。

　たとえば中小企業の中には，初任給が飛び抜けて高い会社がときどきある。しかしその後の昇給率は大きくないのがほとんど。

　一方，大手企業の初任給は業種間や企業間の差が小さく，ほとんど横並びと言っていい。そこで，「平均給与」や「平均ボーナス」などで将来の予測をするわけだが，これは一応の目安とはなるが，個人差があるので正確とは言えない。

■決定版「就職ノート」はこう作る

1冊にすべて書き込みたいという人には，ルーズリーフ形式のノートがお勧め。会社研究，スケジュール，時事用語，OB／OG訪問，切り抜きなどの項目を作りインデックスをつける。

カレンダー，説明会，試験などのスケジュール表を貼り，とくに会社別の説明会，面談，書類提出，試験の日程がひと目で分かる表なども作っておく。そして見開き2ページで1社を載せ，左ページに企業研究，右ページには志望理由，自己PRなどを整理する。

就職ノートの主なチェック項目

❑企業研究…資本金，業務内容，従業員数など基礎的な会社概要から，過去の採用状況，業務報告などのデータ

❑採用試験メモ…日程，条件，提出書類，採用方法，試験の傾向など

❑店舗・営業所見学メモ…流通関係，銀行などの場合は，客として訪問し，商品（値段，使用価値，ユーザーへの配慮），店員（接客態度，商品知識，熱意，親切度），店舗（ショーケース，陳列の工夫，店内の清潔さ）などの面をチェック

❑OB／OG訪問メモ…OB／OGの名前，連絡先，訪問日時，面談場所，質疑応答のポイント，印象など

❑会社訪問メモ…連絡先，人事担当者名，会社までの交通機関，最寄り駅からの地図，訪問のときに得た情報や印象，訪問にいたるまでの経過も記入

　「OB／OG訪問」は，実際は採用予備選考開始。まず，OB／OG訪問を希望したら，大学のキャリアセンター，教授などの紹介で，志望企業に勤める先輩の手がかりをつかむ。もちろん直接電話なり手紙で，自分の意向を会社側に伝えてもいい。自分の在籍大学，学部をはっきり言って，「先輩を紹介していただけないでしょうか」と依頼しよう。

参考 ▶ ## OB／OG訪問時の質問リスト例

●採用について

- ・成績と面接の比重
- ・採用までのプロセス（日程）
- ・面接は何回あるか
- ・面接で質問される事項　etc.
- ・評価のポイント
- ・筆記試験の傾向と対策
- ・コネの効力はどうか

●仕事について

- ・内容（入社10年，20年のOB/OG）
- ・希望職種につけるのか
- ・残業，休日出勤，出張など
- ・新入社員の仕事
- ・やりがいはどうか
- ・同業他社と比較してどうか　etc.

●社風について

- ・社内のムード
- ・仕事のさせ方　etc.
- ・上司や同僚との関係

●待遇について

- ・給与について
- ・昇進のスピード
- ・福利厚生の状態
- ・離職率について　etc.

06 インターンシップ

　インターンシップとは，学生向けに企業が用意している「就業体験」プログラム。ここで学生はさまざまな企業の実態をより深く知ることができ，その後の就職活動において自己分析，業界研究，職種選びなどに活かすことができる。また企業側にとっても有能な学生を発掘できるというメリットがあるため，導入する企業は増えている。

　インターンシップ参加が採用につながっているケースもあるため，たくさん参加してみよう。

---

column　コネを利用するのも１つの手段？

コネを活用できるのは，以下のような場合である。

・企業と大学に何らかの「連絡」がある場合

　企業の新卒採用の場合，特定校・指定校が決められていることもある。企業側が過去の実績などに基づいて決めており，大学の力が大きくものをいう。

　とくに理工系では，指導教授や研究室と企業との連絡が密接な場合が多く，教授の推薦が有利であることは言うまでもない。同じ大学出身の先輩とのコネも，この部類に区分できる。

・志望企業と「関係」ある人と関係がある場合

　一般的に言えば，志望企業の取り引き先関係からの紹介というのが一番多い。ただし，年間億単位の実績が必要で，しかも部長・役員以上につながっていなければコネがあるとは言えない。

・志望企業と何らかの「親しい関係」がある場合

　志望企業に勤務したりアルバイトをしていたことがあるという場合。インターンシップもここに分類される。職場にも馴染みがあり人間関係もできているので，就職に際してきわめて有利。

・志望会社に関係する人と「縁故」がある場合

　縁故を「血縁関係」とした場合，日本企業ではこのコネはかなり有効なところもある。ただし，血縁者が同じ会社にいるというのは不都合なことも多いので，どの企業も慎重。

1. 受付の様子

受付事務がテキパキとしていて，分かりやすいかどうか。社員の態度が親切で誠意が伝わってくるかどうか。

こういった受付の様子からでも，その会社の社員教育の程度や，新入社員採用に対する熱意とか期待を推し測ることができる。

2. 控え室の様子

控え室が2カ所以上あって，国立大学と私立大学の訪問者とが，別々に案内されているようなことはないか。また，面談の順番を意図的に変えているようなことはないか。これはよくある例で，すでに大半は内定しているということを意味する場合が多い。

3. 社内の雰囲気

社員の話し方，その内容を耳にはさむだけでも，社風が伝わってくる。

4. 面談の様子

何時間も待たせたあげくに，きわめて事務的に，しかも投げやりな質問しかしないような採用担当者である場合，この会社は人事が適正に行われていないということだから，一考したほうがよい。

 説明会での質問項目

・質問内容が抽象的でなく，具体性のあるものかどうか。
・質問内容は，現在の社会・経済・政治などの情況を踏まえた，
　大学生らしい高度で専門性のあるものか。
・質問をするのはいいが，「それでは，あなたの意見はどうか」と
　逆に聞かれたとき，自分なりの見解が述べられるものであるか。

提出書類を用意する

　提出する書類は6種類。①〜③が大学に申請する書類，④〜⑥が自分で書く書類だ。大学に申請する書類は一度に何枚も入手しておこう。

- ① 「卒業見込証明書」
- ② 「成績証明書」
- ③ 「健康診断書」
- ④ 「履歴書」
- ⑤ 「エントリーシート」
- ⑥ 「会社説明会アンケート」

■自分で書く書類は「自己PR」

　第1次面接に進めるか否かは「自分で書く書類」の出来にかかっている。「履歴書」と「エントリーシート」は会社説明会に行く前に準備しておくもの。「会社説明会アンケート」は説明会の際に書き，その場で提出する書類だ。

01 履歴書とエントリーシートの違い

　Webエントリーを受け付けている企業に資料請求をすると，資料と一緒に「エントリーシート」が送られてくるので，応募サイトのフォームやメールでエントリーシートを送付する。Webエントリーを行っていない企業には，ハガキやメールで資料請求をする必要があるが，「エントリーシート」は履歴書とは異なり，企業が設定した設問に対して回答するもの。すなわちこれが「1次試験」であり，これにパスをした人だけが会社説明会に呼ばれる。

02 記入の際の注意点

■字はていねいに

字を書くところから，その企業に対する"本気度"は測られている。

■誤字，脱字は厳禁

使用するのは，黒のインク。

■修正液使用は不可

■数字は算用数字

■自分の広告を作るつもりで書く

自分はこういう人間であり，何がしたいかということを簡潔に書く。メリットになることだけで良い。自分に損になるようなことを書く必要はない。

■「やる気」を示す具体的なエピソードを

「私はやる気があります」「私は根気があります」という抽象的な表現だけではNG。それを示すエピソードのようなものを書かなくては意味がない。

Point

自己紹介欄の項目はすべて「自己PR」。自分はこういう人間であることを印象づけ，それがさらに企業への「志望動機」につながっていくような書き方をする。

---

column　履歴書やエントリーシートは，共通でもいい？

「履歴書」や「エントリーシート」は企業によって書き分ける。業種はもちろん，同じ業界の企業であっても求めている人材が違うからだ。各書類は提出前にコピーを取り，さらに出した企業名を忘れずに書いておくことも大切だ。

写真	スナップ写真は不可。 スーツ着用で，胸から上の物を使用する。ポイントは「清潔感」。 氏名・大学名を裏書きしておく。
日付	郵送の場合は投函する日，持参する場合は持参日の日付を記入する。
生年月日	西暦は避ける。元号を省略せずに記入する。
氏名	戸籍上の漢字を使う。印鑑押印欄があれば忘れずに押す。
住所	フリガナ欄がカタカナであればカタカナで，平仮名であれば平仮名で記載する。
学歴	最初の行の中央部に「学□□歴」と2文字程度間隔を空けて，中学校卒業から大学（卒業・卒業見込み）まで記入する。 中途退学の場合は，理由を簡潔に記載する。留年は記入する必要はない。 職歴がなければ，最終学歴の一段下の行の右隅に，「以上」と記載する。
職歴	最終学歴の一段下の行の中央部に「職□□歴」と2文字程度間隔を空け記入する。 「株式会社」や「有限会社」など，所属部門を省略しないで記入する。 「同上」や「〃」で省略しない。 最終職歴の一段下の行の右隅に，「以上」と記載する。
資格・免許	4級以下は記載しない。学習中のものも記載して良い。 「普通自動車第一種運転免許」など，省略せずに記載する。
趣味・特技	具体的に（例：読書でもジャンルや好きな作家を）記入する。
志望理由	その企業の強みや良い所を見つけ出したうえで，「自分の得意な事」がどう活かせるかなどを考えぬいたものを記入する。
自己PR	応募企業の事業内容や職種にリンクするような，自分の経験やスキルなどを記入する。
本人希望欄	面接の連絡方法，希望職種・勤務地などを記入する。「特になし」や空白はNG。
家族構成	最初に世帯主を書き，次に配偶者，それから家族を祖父母，兄弟姉妹の順に。続柄は，本人から見た間柄。兄嫁は，義姉と書く。
健康状態	「良好」が一般的。

エントリーシートの記入

01 エントリーシートの目的

・応募者を，決められた採用予定者数に絞り込むこと
・面接時の資料にする
の2つ。

■知りたいのは職務遂行能力

採用担当者が学生を見る場合は,「こいつは与えられた仕事をこなせるかどうか」という目で見ている。企業に必要とされているのは仕事をする能力なのだ。

> **Point**
>
> 質問に忠実に，"自分がいかにその会社の求める人材に当てはまるか"を
> 丁寧に答えること。

02 効果的なエントリーシートの書き方

■情報を伝える書き方

課題をよく理解していることを相手に伝えるような気持ちで書く。

■文章力

大切なのは全体のバランスが取れているか。書く前に，何をどれくらいの字数で収めるか計算しておく。

「起承転結」でいえば，「起」は，文章を起こす導入部分。「承」は，起を受けて，その提起した問題に対して承認を求める部分。「転」は，自説を展開する部分。もっともオリジナリティが要求される。「結」は，最後の締めの結論部分。文章の構成・まとめる力で，総合的な能力が高いことをアピールする。

参考 ▶エントリーシートでよく取り上げられる題材と，その出題意図

エントリーシートで求められるものは，「自己PR」「志望動機」「将来どうなりたいか（目指すこと）」の3つに大別される。

1.「自己PR」

自己分析にしたがって作成していく。重要なのは，「なぜそうしようと思ったか？」「○○をした結果，何が変わったのか？何を得たのか？」という"連続性"が分かるかどうかがポイント。

2.「志望動機」

自己PRと一貫性を保ち，業界志望理由と企業志望理由を差別化して表現するように心がける。志望する業界の強みと弱み，志望企業の強みと弱みの把握は基本。

3.「将来の展望」

どんな社員を目指すのか，仕事へはどう臨もうと思っているか，目標は何か，などが問われる。仕事内容を事前に把握しておくだけでなく，5年後の自分，10年後の自分など，具体的な将来像を描いておくことが大切。

表現力，理解力のチェックポイント

❑文法，語法が正しいかどうか
❑論旨が論理的で一貫しているかどうか
❑1センテンスが簡潔かどうか
❑表現が統一されているかどうか（「です，ます」調か「だ，である」調か）

01 個人面接

●自由面接法

面接官と受験者のキャラクターやその場の雰囲気，質問と応答の進行具合などによって雑談形式で自由に進められる。

●標準面接法

自由面接法とは逆に，質問内容や評価の基準などがあらかじめ決まっている。実際には自由面接法と併用で，おおまかな質問事項や判定基準，評価ポイントを決めておき，質疑応答の内容上の制限を緩和しておくスタイルが一般的。1次面接などでは標準面接法をとり，2次以降で自由面接法をとる企業も多い。

●非指示面接法

受験者に自由に発言してもらい，面接官は話題を引き出したりするときなど，最小限の質問をするという方法。

●圧迫面接法

わざと受験者の精神状態を緊張させ，受験者がどのような応答をするかを観察し，判定する。受験者は，冷静に対応することが肝心。

02 集団面接

面接の方法は個人面接と大差ないが，面接官がひとつの質問をして，受験者が順にそれに答えるという方法と，面接官が司会役になって，座談会のような形式で進める方法とがある。

座談会のようなスタイルでの面接は，なるべく受験者全員が関心をもっているような話題を取りあげ，意見を述べさせるという方法。この際，司会役以外の面接官は一言も発言せず，判定・評価に専念する。

03 グループディスカッション

　グループディスカッション（以下，GD）の時間は30〜60分程度，1グループの人数は5〜10人程度で，司会は面接官が行う場合や，時間を決めて学生が交替で行うことが多い。面接官は内容については特に指示することはなく，受験者がどのようにGDを進めるかを観察する。

　評価のポイントは，全体的には理解力，表現力，指導性，積極性，協調性など，個別的には性格，知識，適性などが観察される。

　GDの特色は，集団の中での個人ということで，受験者の能力がどの程度のものであるか，また，どのようなことに向いているかを判定できること。受験者は，グループの中における自分の位置を面接官に印象づけることが大切だ。

グループディスカッション方式の面接におけるチェックポイント

- ❑全体の中で適切な論点を提供できているかどうか。
- ❑問題解決に役立つ知識を持っているか，また提供できているかどうか。
- ❑もつれた議論を解きほぐし，的はずれの議論を元に引き戻す努力をしているかどうか。
- ❑グループ全体としての目標をいつも考えているかどうか。
- ❑感情的な対立や攻撃をしかけているようなことはないか。
- ❑他人の意見に耳を傾け，よい意見には賛意を表し，それを全体に推し広げようという寛大さがあるかどうか。
- ❑議論の流れを自然にリードするような主導性を持っているかどうか。
- ❑提出した意見が議論の進行に大きな影響を与えているかどうか。

04 面接時の注意点

●控え室

　控え室には,指定された時間の15分前には入室しよう。そこで担当の係から，面接に際しての注意点や手順の説明が行われるので，疑問点は積極的に聞くようにし，心おきなく面接にのぞめるようにしておこう。会社によっては，所定のカードに必要事項を書き込ませたり，お互いに自己紹介をさせたりする場合もある。また，この控え室での行動も細かくチェックして，合否の資料にしている会社もある。

● 入室・面接開始

　係員がドアの開閉をしてくれる場合もあるが，それ以外は軽くノックして入室し，必ずドアを閉める。そして入口近くで軽く一礼し，面接官か補助員の「どうぞ」という指示で正面の席に進み，ここで再び一礼をする。そして，学校名と氏名を名のって静かに着席する。着席時は，軽く椅子にかけるようにする。

● 面接終了と退室

　面接の終了が告げられたら，椅子から立ち上がって一礼し，椅子をもとに戻して，面接官または係員の指示を受けて退室する。

　その際も，ドアの前で面接官のほうを向いて頭を下げ，静かにドアを開閉する。控え室に戻ったら，係員の指示を受けて退社する。

05 面接試験の評定基準

● 協調性

　企業という「集団」では，他人との協調性が特に重視される。

　感情や態度が円満で調和がとれていること，極端に好悪の情が激しくなく，物事の見方や考え方が穏健で中立であることなど，職場での人間関係を円滑に進めていくことのできる人物かどうかが評価される。

● 話し方

　外観印象的には，言語の明瞭さや応答の態度そのものがチェックされる。小さな声で自信のない発言，乱暴野卑な発言は減点になる。

　考えをまとめたら，言葉を選んで話すくらいの余裕をもって，真剣に応答しようとする姿勢が重視される。軽率な応答をしたり，まして発言に矛盾を指摘されるような事態は極力避け，もしそのような状況になりそうなときは，自分の非を認めてはっきりと謝るような態度を示すべき。

● 好感度

　実社会においては，外観による第一印象が，人間関係や取引に大きく影響を及ぼす。

　「フレッシュな爽やかさ」に加え，入社志望など，自分の意思や希望をより明確にすることで，強い信念に裏づけられた姿勢をアピールできるよう努力したい。

● 判断力

何を質問されているのか，何を答えようとしているのか，常に冷静に判断していく必要がある。

●表現力

話に筋道が通り理路整然としているか，言いたいことが簡潔に言えるか，話し方に抑揚があり聞く者に感銘を与えるか，用語が適切でボキャブラリーが豊富かどうか。

●積極性

活動意欲があり，研究心旺盛であること，進んで物事に取り組み，創造的に解決しようとする意欲が感じられること，話し方にファイトや情熱が感じられること，など。

●計画性

見通しをもって順序よく合理的に仕事をする性格かどうか，またその能力の有無。企業の将来性のなかに，自分の将来をどうかみ合わせていこうとしているか，現在の自分を出発点として，何を考え，どんな仕事をしたいのか。

●安定性

情緒の安定は，社会生活に欠くことのできない要素。自分自身をよく知っているか，他の人に流されない信念をもっているか。

●誠実性

自分に対して忠実であろうとしているか，物事に対してどれだけ誠実な考え方をしているか。

●社会性

企業は集団活動なので，自分の考えに固執したり，不平不満が多い性格は向かない。柔軟で適応性があるかどうか。

Point

清潔感や明朗さ，若々しさといった外観面も重視される。

06 面接試験の質問内容

1. 志望動機

受験先の概要や事業内容はしっかりと頭の中に入れておく。また，その企業の企業活動の社会的意義と，自分自身の志望動機との関連を明確にしておく。「安定している」「知名度がある」「将来性がある」といった利己的な動機，「自

分の性格に合っている」というような，あいまいな動機では説得力がない。安定性や将来性は，具体的にどのような企業努力によって支えられているのかという考察も必要だし，それに対する受験者自身の評価や共感なども問われる。

①どうしてその業種なのか

②どうしてその企業なのか

③どうしてその職種なのか

以上の①〜③と，自分の性格や資質，専門などとの関連性を説明できるようにしておく。

自分がどうしてその会社を選んだのか，どこに大きな魅力を感じたのかを，できるだけ具体的に，情熱をもって語ることが重要。自分の長所と仕事の適性を結びつけてアピールし，仕事のやりがいや仕事に対する興味を述べるのもよい。

■複数の企業を受験していることは言ってもいい？

同じ職種，同じ業種で何社かかけもちしている場合，正直に答えてもかまわない。しかし，「第一志望はどこですか」というような質問に対して，正直に答えるべきかどうかというと，やはりこれは疑問がある。どんな会社でも，他社を第一志望にあげられれば，やはり愉快には思わない。

また，職種や業種の異なる会社をいくつか受験する場合も同様で，極端に性格の違う会社をあげれば，その矛盾を突かれるのは必至だ。

2. 仕事に対する意識・職業観

採用試験の段階では，次年度の配属予定が具体的に固まっていない会社もかなりある。具体的に職種や部署などを細分化して募集している場合は別だが，そうでない場合は，希望職種をあまり狭く限定しないほうが賢明。どの業界においても，採用後，新入社員には，研修としてその会社の各セクションをひと通り経験させる企業は珍しくない。そのうえで，具体的な配属計画を検討するのだ。

大切なことは，就職や職業というものを，自分自身の生き方の中にどう位置づけるか，また，自分の生活の中で仕事とはどういう役割を果たすのかを考えてみること。つまり自分の能力を活かしたい，社会に貢献したい，自分の存在価値を社会的に実現してみたい，ある分野で何か自分の力を試してみたい……，などの場合を考え，それを自分自身の人生観，志望職種や業種などとの関係を考えて組み立ててみる。自分の人生観をもとに，それを自分の言葉で表現できるようにすることが大切。

3. 自己紹介・自己PR

性格そのものを簡単に変えたり，欠点を克服したりすることは実際には難しいが，"仕方がない"という姿勢を見せることは禁物で，どんなささいなことでも，努力している面をアピールする。また一般的にいって，専門職を除けば，就職時になんらかの資格や技能を要求する企業は少ない。

　ただ，資格をもっていれば採用に有利とは限らないが，専門性を要する業種では考慮の対象とされるものもある。たとえば英検，簿記など。

　企業が学生に要求しているのは，4年間の勉学を重ねた学生が，どのように仕事に有用であるかということで，学生の知識や学問そのものを聞くのが目的ではない。あくまで，社会人予備軍としての謙虚さと素直さを失わないようにする。

　知識や学力よりも，その人の人間性，ビジネスマンとしての可能性を重視するからこそ，面接担当者は，学生生活全般について尋ねることで，書類だけでは分からない人間性を探ろうとする。

　何かうち込んだものや思い出に残る経験などは，その人の人間的な成長になんらかの作用を及ぼしているものだ。どんな経験であっても，そこから受けた印象や教訓などは，明確に答えられるようにしておきたい。

4. 一般常識・時事問題

　一般常識・時事問題については筆記試験の分野に属するが，面接でこうしたテーマがもち出されることも珍しくない。受験者がどれだけ社会問題に関心をもっているか，一般常識をもっているか，また物事の見方・考え方に偏りがないかなどを判定する。知識や教養だけではなく，一問一答の応答を通じて，その人の性格や適応能力まで判断されることになる。

07 面接に向けての事前準備

■面接試験1カ月前までには万全の準備をととのえる

●志望会社・職種の研究

　新聞の経済欄や経済雑誌などのほか，会社年鑑，株式情報など書物による研究をしたり，インターネットにあがっている企業情報や，検索によりさまざまな角度から調べる。すでにその会社へ就職している先輩や知人に会って知識を得たり，大学のキャリアセンターへ情報を求めるなどして総合的に判断する。

■専攻科目の知識・卒論のテーマなどの整理

大学時代にどれだけ勉強してきたか，専攻科目や卒論のテーマなどを整理しておく。

■時事問題に対する準備

毎日欠かさず新聞を読む。志望する企業の話題は，就職ノートに整理するなどもアリ。

面接当日の必需品

- ❏必要書類（履歴書，卒業見込証明書，成績証明書，健康診断書，推薦状）
- ❏学生証
- ❏就職ノート（志望企業ファイル）
- ❏印鑑，朱肉
- ❏筆記用具（万年筆，ボールペン，サインペン，シャープペンなど）
- ❏手帳，ノート
- ❏地図（訪問先までの交通機関などをチェックしておく）
- ❏現金（小銭も用意しておく）
- ❏腕時計（オーソドックスなデザインのもの）
- ❏ハンカチ，ティッシュペーパー
- ❏くし，鏡（女性は化粧品セット）
- ❏シューズクリーナー
- ❏ストッキング
- ❏折りたたみ傘（天気予報をチェックしておく）
- ❏携帯電話，充電器

■一般常識試験

社会人として企業活動を行ううえで最低限必要となる一般常識のほか，
英語，国語，社会（時事問題），数学などの知識の程度を確認するもの。

　難易度はおおむね中学・高校の教科書レベル。一般常識の問題集を1冊やっ
ておけばよいが，業界によっては専門分野が出題されることもあるため，必ず
志望する企業のこれまでの試験内容は調べておく。

■一般常識試験の対策
　・英語　慣れておくためにも，教科書を復習する，英字新聞を読むなど。
　・国語　漢字，四字熟語，反対語，同音異義語，ことわざをチェック。
　・時事問題　新聞や雑誌，テレビ，ネットニュースなどアンテナを張っておく。

■適性検査
　SPI（Synthetic Personality Inventory）試験（SPI3試験）とも呼ばれ，能力
テストと性格テストを合わせたもの。
　能力テストでは国語能力を測る「言語問題」と，数学能力を測る「非言語問題」
がある。言語的能力，知覚能力，数的能力のほか，思考・推理能力，記憶力，
注意力などの問題で構成されている。
　性格テストは「はい」か「いいえ」で答えていく。仕事上の適性と性格の傾向
などが一致しているかどうかをみる。

SPIは職務への適応性を客観的にみるためのもの。

STEP 7 論作文の書き方

理論編

01 「論文」と「作文」

一般に「論文」はあるテーマについて自分の意見を述べ，その論証をする文章で，必ず意見の主張とその論証という2つの部分で構成される。問題提起と論旨の展開，そして結論を書く。

「作文」は，一般的には感想文に近いテーマ，たとえば「私の興味」「将来の夢」といったものがある。

就職試験では「論文」と「作文」を合わせた"論作文"とでもいうようなものが出題されることが多い。

論作文試験とは，「文章による面接」。テーマに書き手がどういう態度を持っているかを知ることが，出題の主な目的だ。受験者の知識・教養・人生観・社会観・職業観，そして将来への希望などが，どのような思考を経て，どう表現されているかによって，企業にとって，必要な人物かどうかを判断している。

論作文の場合には，書き手の社会的意識や考え方に加え，「感銘を与える」働きが要求される。就職活動とは，企業に対し「自分をアピールすること」だということを常に念頭に置いておきたい。

Point

論文と作文の違い

	論　文	作　文
テーマ	学術的・社会的・国際的なテーマ。時事，経済問題など	個人的・主観的なテーマ。人生観，職業観など
表現	自分の意見や主張を明確に述べる。	自分の感想を述べる。
展開	四段型（起承転結）の展開が多い。	三段型（はじめに・本文・結び）の展開が多い。
文体	「だ調・である調」のスタイルが多い。	「です調・ます調」のスタイルが多い。

・テーマ

与えられた課題（テーマ）を，受験者はどのように理解しているか。

出題されたテーマの意義をよく考え，それに対する自分の意見や感情が，十分に整理されているかどうか。

・表現力

課題について本人が感じたり，考えたりしたことを，文章で的確に表しているか。

・字・用語・その他

かなづかいや送りがなが合っているか，文中で引用されている格言やことわざの類が使用法を間違えていないか，さらに誤字・脱字に至るまで，文章の基本的な力が受験者の人柄ともからんで厳密に判定される。

・オリジナリティ

魅力がある文章とは，オリジナリティを率直に出すこと。自分の感情や意見を，自分の言葉で表現する。

・生活態度

文章は，書き手の人格や人柄を映し出す。平素の社会的関心や他人との協調性，趣味や読書傾向はどうであるかといった，受験者の日常における生き方，生活態度がみられる。

・字の上手・下手

できるだけ読みやすい字を書く努力をする。また，制限字数より文章が長くなって原稿用紙の上下や左右の空欄に書き足したりすることは避ける。消しゴムで消す場合にも，丁寧に。

いずれの場合でも，表面的な文章力を問うているのではなく，受験者の人柄のほうを重視している。

マナーチェックリスト

就活において企業の人事担当は，面接試験やOG／OB訪問，そして面接試験において，あなたのマナーや言葉遣いといった，「常識力」をチェックしている。現在の自分はどのくらい「常識力」が身についているかをチェックリストで振りかえり，何ができて，何ができていないかを明確にしたうえで，今後の取り組みに生かしていこう。

評価基準　5：大変良い　4：やや良い　3：どちらともいえない　2：やや悪い　1：悪い

	項 目	評 価	メ モ
挨拶	明るい笑顔と声で挨拶をしているか		
	相手を見て挨拶をしているか		
	相手より先に挨拶をしているか		
	お辞儀を伴った挨拶をしているか		
	直接の応対者でなくても挨拶をしているか		
表情	笑顔で応対しているか		
	表情に私的感情がでていないか		
	話しかけやすい表情をしているか		
	相手の話は真剣な顔で聞いているか		
身だしなみ	前髪は目にかかっていないか		
	髪型は乱れていないか／長い髪はまとめているか		
	髭の剃り残しはないか／化粧は健康的か		
	服は汚れていないか／清潔に手入れされているか		
	機能的で職業・立場に相応しい服装をしているか		
	華美なアクセサリーはつけていないか		
	爪は伸びていないか		
	靴下の色は適当か／ストッキングの色は自然な肌色か		
	靴の手入れは行き届いているか		
	ポケットに物を詰めすぎていないか		

項　目	評　価	メ　モ
言葉遣い 専門用語を使わず，相手にわかる言葉で話しているか		
状況や相手に相応しい敬語を正しく使っているか		
相手の聞き取りやすい音量・速度で話しているか		
語尾まで丁寧に話しているか		
気になる言葉癖はないか		
動作 物の授受は両手で丁寧に実施しているか		
案内・指し示し動作は適切か		
キビキビとした動作を心がけているか		
心構え 勤務時間・指定時間の5分前には準備が完了しているか		
心身ともに健康管理をしているか		
仕事とプライベートの切替えができているか		

☑ 常に自己点検をするクセをつけよう

「人を表情やしぐさ，身だしなみなどの見かけで判断してはいけない」と一般にいわれている。確かに，人の個性は見かけだけではなく，内面においても見いだされるもの。しかし，私たちは人を第一印象である程度決めてしまう傾向がある。それが面接試験など初対面の場合であればなおさらだ。したがって，チェックリストにあるような挨拶，表情，身だしなみ等に注意して面接試験に臨むことはとても重要だ。ただ，これらは面接試験前にちょっと対策したからといって身につくようなものではない。付け焼き刃的な対策をして面接試験に臨んでも，面接官はあっという間に見抜いてしまう。日頃からチェックリストにあるような項目を意識しながら行動することが大事であり，そうすることで，最初はぎこちない挨拶や表情等も，その人の個性に応じたすばらしい所作へ変わっていくことができるのだ。さっそく，本日から実行してみよう。

面接試験において，印象を決定づける表情はとても大事。

どのようにすれば感じのいい表情ができるのか，ポイントを確認していこう。

明るく,温和で 柔らかな表情をつくろう

人間関係の潤滑油

表情に関しては，まずは豊かである
ということがベースになってくる。う
れしい表情，困った表情，驚いた表
情など，さまざまな気持ちを表現で
きるということが，人間関係を潤いの
あるものにしていく。

Point

　表情はコミュニケーションの大前提。相手に「いつでも話しかけてくださ
いね」という無言の言葉を発しているのが，就活に求められる表情だ。面接
官が安心してコミュニケーションをとろうと思ってくれる表情。それが，明
るく，温和で柔らかな表情となる。

カンタンTraining

Training **01**

喜怒哀楽を表してみよう

・人との出会いを楽しいと思うことが表情の基本
・表情を豊かにする大前提は相手の気持ちに寄り添うこと
・目元・口元だけでなく，眉の動きを意識することが大事

Training **02**

表情筋のストレッチをしよう

・表情筋は「ウイスキー」の発音によって鍛える
・意識して毎日，取り組んでみよう
・笑顔の共有によって相手との距離が縮まっていく

コミュニケーションは挨拶から始まり，その挨拶ひとつで印象は変わるもの。
ポイントを確認していこう。

丁寧にしっかりと
はっきり挨拶をしよう

人間関係の第一歩

挨拶は心を開いて，相手に近づくコミュニケーションの第一歩。たかが挨拶，されど挨拶の重要性をわきまえて，きちんとした挨拶をしよう。形，つまり"技"も大事だが，心をこめることが最も重要だ。

Point

　挨拶はコミュニケーションの第一歩。相手が挨拶するのを待っているのは望ましくない。挨拶の際のポイントは丁寧であることと，はっきり声に出すことの2つ。丁寧な挨拶は，相手を大事にして迎えている気持ちの表れとなる。はっきり声に出すことで，これもきちんと相手を迎えていることが伝わる。また，相手もその応答として挨拶してくれることで，会ってすぐに双方向のコミュニケーションが成立する。

いますぐデキる
カンタンTraining

Training 01

３つのお辞儀をマスターしよう

① 会釈（15度）　　② 敬礼（30度）　　③ 最敬礼（45度）

・息を吸うことを意識してお辞儀をするとキレイな姿勢に
・目線は真下ではなく，床前方1.5m先ぐらいを見よう
・相手への敬意を忘れずに

Training 02

対面時は言葉が先，お辞儀が後

・相手に体を向けて先に自ら挨拶をする
・挨拶時，相手とアイコンタクトを
　しっかり取ろう
・挨拶の後に，お辞儀をする。
　これを「語先後礼」という

コミュニケーションは「話す」よりも「聞く」ことといわれる。相手が話しやすい聞き方の，ポイントを確認しよう。

受容の立場で
傾聴しよう

相手の話を受けとめる

話を聞くときは，やや前に傾く姿勢をとる。表情と姿勢が合わさることにより，話し手の心が開き「あれも，これも話そう」という気持ちになっていく。また，「はい」と一度のお辞儀で頷くと相手の話を受け止めているというメッセージにつながる。

Point

話をすること，話を聞いてもらうことは誰にとってもプレッシャーを伴うもの。そのため，「何でも話して良いんですよ」「何でも話を聞きますよ」「心配しなくて良いんですよ」という気持ちで聞くことが大切になる。その気持ちが聞く姿勢に表れれば，相手は安心して話してくれる。

カンタンTraining

Training **01**
頷きは一度で

・相手が話した後に「はい」と
　一言発する
・頷きすぎは逆効果

Training **02**
目線は自然に

・鼻の付け根あたりを見ると
　自然な印象に
・目を見つめすぎるのはNG

Training **03**
話の句読点で視線を移す

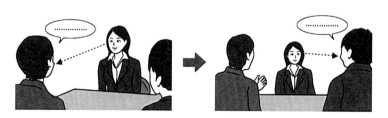

・視線は話している人を見ることが基本
・複数の人の話を聞くときは句読点を意識し，
　視線を振り分けることで聞く姿勢を表す

伝わる話し方

自分の意思を相手に明確に伝えるためには，話し方が重要となる。はっきりと
的確に話すためのポイントを確認しよう。

明るい発声を
心がけよう

ボリュームを意識して

話すときのポイントとしては，ボリュームを意識する
ことが挙げられる。会議室の一番奥にいる人に声が
届くように意識することで，声のボリュームはコント
ロールされていく。

Point

　コミュニケーションとは「伝達」すること。どのようなことも，適当に伝
えるのではなく，伝えるべきことがきちんと相手に届くことが大切になる。
そのためには，はっきりと，分かりやすく，丁寧に，心を込めて話すこと。
言葉だけでなく，表情やジェスチャーを加えることも有効。

いますぐデキる
カンタンTraining

Training **01**
腹式呼吸で発声練習

- 「あえいうえおあお」と発声する
- 腹式呼吸は，胸部をなるべく動かさずに，息を吸うときにお腹や腰が膨らむよう意識する呼吸法

Training **02**
早口言葉にチャレンジ

おあやや
母親に
お謝り

- 「おあやや，母親に，お謝り」と早口で
- 口がすぼまった「お」と口が開いた「あ」の発音に，変化をつけられるかがポイント

Training **03**
ジェスチャーを有効活用

- 腰より上でジェスチャーをする
- 体から離した位置に手をもっていく
- ジェスチャーをしたら戻すところをさだめておく

身だしなみはその人自身を表すもの。身だしなみの基本について，ポイントを
確認しよう。

清潔感,さわやかさを
醸し出せるようにしよう

プロの企業人に
ふさわしい身だしなみを

信頼感，安心感をもたれる身だしな
みを考えよう。TPOに合わせた服装は，
すなわち "礼" を表している。そして，
身だしなみには，「清潔感」,「品のよさ」,
「控え目である」という，3つのポイ
ントがある。

Point

相手との心理的な距離や物理的な距離が遠ければ，コミュニケーションは
成立しにくくなる。見た目が不潔では誰も近付いてこない。身だしなみが
清潔であること，爽やかであることは相手との距離を縮めることにも繋がる。

カンタンTraining

Training 01

髪型，服装を整えよう

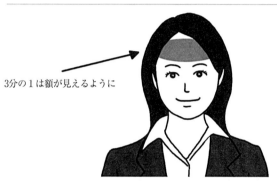

3分の1は額が見えるように

・男性も女性も眉が見える髪型が望ましい。3分の1は額が見えるように。額は知性と清潔感を伝える場所。男性の髪の長さは耳や襟にかからないように
・スーツで相手の前に立つときは，ボタンはすべて留める。男性の場合は下のボタンは外す

Training 02

おしゃれとの違いを明確に

・爪はできるだけ切りそろえる
・爪の中の汚れにも注意
・ジェルネイル，ネイルアートはNG

Training 03

足元にも気を配って

・女性の場合はパンプス，男性の場合は黒の紐靴が望ましい
・靴はこまめに汚れを落とし見栄えよく

姿勢にはその人の意欲が反映される。前向き，活動的な姿勢を表すにはどうしたらよいか，ポイントを確認しよう。

前向き,活動的な姿勢を維持しよう

一直線と左右対称

正しい立ち姿として，耳，肩，腰，くるぶしを結んだ線が一直線に並んでいることが最大のポイントになる。そのラインが直線に近づくほど立ち姿がキレイに整っていることになる。また，"左右対称"というのもキレイな姿勢の要素のひとつになる。

Point

　姿勢は，身体と心の状態を反映するもの。そのため，良い姿勢でいることは，印象が清々しいだけでなく，健康で元気そうに見え，話しかけやすさにも繋がる。歩く姿勢，立つ姿勢，座る姿勢など，どの場面にも心身の健康状態が表れるもの。日頃から心身の健康状態に気を配り，フィジカルとメンタル両面の自己管理を心がけよう。

いますぐデキる
カンタンTraining

Training 01

キレイな歩き方を心がけよう

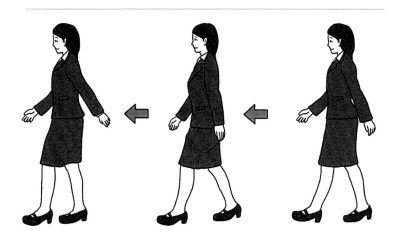

・女性は1本の線上を，男性はそれよりも太い線上を沿うように歩く
・一歩踏み出したときに前の足に体重を乗せるように，腰から動く
・12時の方向につま先をもっていく

Training 02

前向きな気持ちを持とう

・常に前向きな気持ちが姿勢を正す
・ポジティブ思考を心がけよう

言葉遣いの正しさはとは，場面にあった言葉を遣うということ。相手を気づかいながら，言葉を選ぶことで，より正しい言葉に近づいていく。

相手と場面に合わせた ふさわしい言葉遣いを

次の文は接客の場面でよくある間違えやすい敬語です。
それぞれの言い方は○×どちらでしょうか。

問1「資料をご拝読いただきありがとうございます」

問2「こちらのパンフレットはもういただかれましたか？」

問3「恐れ入りますが，こちらの用紙にご記入してください」

問4「申し訳ございませんが，来週，休ませていただきます」

問5「先ほどの件，帰りましたら上司にご報告いたしますので」

Point

　ビジネスのシーンに敬語は欠くことができない。何度もやり取りをしていく中で，親しさの度合いによっては，あえてくだけた表現を用いることもあるが，「親しき仲にも礼儀あり」と言われるように，敬意や心づかいをおろそかにしてはいけないもの。相手に誤解されたり，相手の気分を壊すことのないように，相手や場面にふさわしい言葉遣いが大切になる。

解答と解説

問1 （×） ○正しい言い換え例

→「ご覧いただきありがとうございます」など

「拝読」は自分が「読む」意味の謙譲語なので，相手の行為に使うのは誤り。読むと見るは同義なため，多く，見るの尊敬語「ご覧になる」が用いられる。

問2 （×） ○正しい言い換え例

→「お持ちですか」「お渡ししましたでしょうか」 など

「いただく」は，食べる・飲む・もらうの謙譲語。「もらったかどうか」と聞きたいのだから，「おもらいになりましたか」と言えないこともないが，持っているかどうか，受け取ったかどうかという意味で「お持ちですか」などが使われることが多い。また，自分側が渡すような場合は，「お渡しする」を使って「お渡ししましたでしょうか」などの言い方に換えることもできる。

問3 （×） ○正しい言い換え例

→「恐れ入りますが，こちらの用紙にご記入ください」など

「ご記入する」の「お（ご）〜する」は謙譲語の形。相手の行為を謙譲語で表すことになるため誤り。「して」を取り除いて「ご記入ください」か，和語に言い換えて「お書きください」とする。ほかにも「お書き／ご記入・いただけますでしょうか・願います」などの表現もある。

問4 （△）

有給休暇を取る場合や，弔事等で休むような場面で，用いられることも多い。「休ませていただく」ということで一見丁寧に響くが，「来週休むと自分で休みを決めている」という勝手な表現にも受け取られかねない言葉だ。ここは同じ「させていただく」を用いても，相手の都合をうかがう言い方に換えて「○○がございまして，申し訳ございませんが，休みをいただいてもよろしいでしょうか」などの言い換えが好ましい。

問5 （×） ○正しい言い換え例

→「上司に報告いたします」

「ご報告いたします」は，ソトの人との会話で使うとするならば誤り。「ご報告いたします」の「お・ご〜いたす」は，「お・ご〜する」と「〜いたす」という2つの敬語を含む言葉。そのうちの「お・ご〜する」は，主語である自分を低めて相手＝上司を高める働きをもつ表現（謙譲語Ⅰ）。一方「〜いたす」は，主語の私を低めて，話の聞き手に対して丁重に述べる働きをもつ表現（謙譲語Ⅱ 丁重語）。「お・ご〜する」も「〜いたす」も同じ謙譲語であるため紛らわしいが，主語を低める（謙譲）という働きは同じでも，行為の相手を高める働きがあるかないかという点に違いがあるといえる。

正しい敬語

敬語は正しく使用することで，相手の印象を大きく変えることができる。尊敬語，謙譲語の区別をはっきりつけて，誤った用法で話すことのないように気をつけよう。

言葉の使い方が
マナーを表す!

■よく使われる尊敬語の形 「言う・話す・説明する」の例

専用の尊敬語型	おっしゃる
〜れる・〜られる型	言われる・話される・説明される
お（ご）〜になる型	お話しになる・ご説明になる
お（ご）〜なさる型	お話しなさる・ご説明なさる

■よく使われる謙譲語の形 「言う・話す・説明する」の例

専用の謙譲語型	申す・申し上げる
お（ご）〜する型	お話しする・ご説明する
お（ご）〜いたす型	お話しいたします・ご説明いたします

Point

　同じ尊敬語・謙譲語でも，よく使われる代表的な形がある。ここではその一例をあげてみた。敬語の使い方に迷ったときなどは，まずはこの形を思い出すことで，大抵の語はこの型にはめ込むことができる。同じ言葉を用いたほうがよりわかりやすいといえるので，同義に使われる「言う・話す・説明する」を例に考えてみよう。

　ほかにも「お話しくださる」や「お話しいただく」「お元気でいらっしゃる」などの形もあるが，まずは表の中の形を見直そう。

なお，尊敬語の中の「言われる」などの「れる・られる」を付けた形は省力している。

基本	尊敬語（相手側）	謙譲語（自分側）
会う	お会いになる	お目にかかる・お会いする
言う	おっしゃる	申し上げる・申す
行く・来る	いらっしゃる おいでになる お見えになる お越しになる お出かけになる	伺う・参る お伺いする・参上する
いる	いらっしゃる・おいでになる	おる
思う	お思いになる	存じる
借りる	お借りになる	拝借する・お借りする
聞く	お聞きになる	拝聴する 拝聞する お伺いする・伺う お聞きする
知る	ご存じ（知っているという意で）	存じ上げる・存じる
する	なさる	いたす
食べる・飲む	召し上がる・お召し上がりになる お飲みになる	いただく・頂戴する
見る	ご覧になる	拝見する
読む	お読みになる	拝読する

「お伺いする」「お召し上がりになる」などは，「伺う」「召し上がる」自体が敬語なので
「二重敬語」ですが，慣習として定着しており間違いではないもの。

―Point―

　上記の「敬語表」は，よく使うと思われる動詞をそれぞれ尊敬語・謙譲語で表したもの。このように大体の言葉は型にあてはめることができる。言葉の中には「お（ご）」が付かないものもあるが，その場合でも「〜なさる」を使って，「スピーチなさる」や「運営なさる」などと言うことができる。また，表では，「言う」の尊敬語「言われる」の例は省いているが，れる・られる型の「言われる」よりも「おっしゃる」「お話しになる」「お話しなさる」などの言い方のほうが，より敬意も高く，言葉としても何となく響きが落ち着くといった印象を受けるものとなる。

会話は相手があってのこと。いかなる場合でも，相手に対する心くばりを忘れないことが，会話をスムーズに進めるためのコツになる。

心くばりを添えるひと言で 言葉の印象が変わる!

　相手に何かを頼んだり，また相手の依頼を断ったり，相手の抗議に対して反論したりする場面では，いきなり自分の意見や用件を切り出すのではなく，場面に合わせて心くばりを伝えるひと言を添えてから本題に移ると，響きがやわらかくなり，こちらの意向も伝えやすくなる。俗にこれは「クッション言葉」と呼ばれている。（右表参照）

Point

　ビジネスの場面で，相手と話したり手紙やメールを送る際には，何か依頼事があってという場合が多いもの。その場合に「ちょっとお願いなんですが…」では，ふだんの会話と変わりがないものになってしまう。そこを「突然のお願いで恐れ入りますが」「急にご無理を申しまして」「こちらの勝手で恐縮に存じますが」「折り入ってお願いしたいことがございまして」などの一言を添えることで，直接的なきつい感じが和らぐだけでなく，「申し訳ないのだけれど，もしもそうしていただくことができればありがたい」という，相手への配慮や願いの気持ちがより強まる。このような前置きの言葉もうまく用いて，言葉に心くばりを添えよう。

相手の意向を尋ねる場合	「よろしければ」「お差し支えなければ」 「ご都合がよろしければ」「もしお時間がありましたら」 「もしお嫌いでなければ」「ご興味がおありでしたら」
相手に面倒を かけてしまうような場合	「お手数をおかけしますが」 「ご面倒をおかけしますが」 「お手を煩わせまして恐縮ですが」 「お忙しい時に申し訳ございませんが」 「お時間を割いていただき申し訳ありませんが」 「貴重なお時間を頂戴し恐縮ですが」
自分の都合を 述べるような場合	「こちらの勝手で恐縮ですが」 「こちらの都合（ばかり）で申し訳ないのですが」 「私どもの都合ばかりを申しまして，まことに申し訳なく存じますが」 「ご無理を申し上げまして恐縮ですが」
急な話をもちかけた場合	「突然のお願いで恐れ入りますが」 「急にご無理を申しまして」 「もっと早くにご相談申し上げるべきところでございましたが」 「差し迫ってのことでまことに申し訳ございませんが」
何度もお願いする場合	「たびたびお手数をおかけしまして恐縮に存じますが」 「重ね重ね恐縮に存じますが」 「何度もお手を煩わせまして申し訳ございませんが」 「ご面倒をおかけしてばかりで，まことに申し訳ございませんが」
難しいお願いをする場合	「ご無理を承知でお願いしたいのですが」 「たいへん申し上げにくいのですが」 「折り入ってお願いしたいことがございまして」
あまり親しくない相手に お願いする場合	「ぶしつけなお願いで恐縮ですが」 「ぶしつけながら」 「まことに厚かましいお願いでございますが」
相手の提案・誘いを断る場合	「申し訳ございませんが」 「（まことに）残念ながら」 「せっかくのご依頼ではございますが」 「たいへん恐縮ですが」 「身に余るお言葉ですが」 「まことに失礼とは存じますが」 「たいへん心苦しいのですが」 「お引き受けしたいのはやまやまですが」
問い合わせの場合	「つかぬことをうかがいますが」 「突然のお尋ねで恐縮ですが」

ここでは文章の書き方における，一般的な敬称について言及している。はがき，手紙，メール等，通信手段はさまざま。それぞれの特性をふまえて有効活用しよう。

相手の気持ちになって
見やすく美しく書こう

■敬称のいろいろ

敬称	使う場面	例
様	職名・役職のない個人	（例）飯田知子様／ご担当者様／経理部長　佐藤一夫様
殿	職名・組織名・役職のある個人（公用文など）	（例）人事部長殿／教育委員会殿／田中四郎殿
先生	職名・役職のない個人	（例）松井裕子先生
御中	企業・団体・官公庁などの組織	（例）○○株式会社御中
各位	複数あてに同一文書を出すとき	（例）お客様各位／会員各位

Point

　封筒・はがきの表書き・裏書きは縦書きが基本だが，洋封筒で親しい人にあてる場合は，横書きでも問題ない。いずれにせよ，定まった位置に，丁寧な文字でバランス良く，正確に記すことが大切。特に相手の住所や名前を乱雑な文字で書くのは，配達の際の間違いを引き起こすだけでなく，受け取る側に不快な思いをさせる。相手の気持ちになって，見やすく美しく書くよう心がけよう。

■各通信手段の長所と短所

	長所	短所	用途
封書	・封を開けなければ本人以外の目に触れることがない。 ・丁寧な印象を受ける。	・多量の資料・画像送付には不向き。 ・相手に届くまで時間がかかる。	・儀礼的な文書(礼状・わび状など) ・目上の人あての文書 ・重要な書類 ・他人に内容を読まれたくない文書
はがき・カード	・封書よりも気軽にやり取りできる。 ・年賀状や季節の便り，旅先からの連絡など絵はがきとしても楽しむことができる。	・封に入っていないため，第三者の目に触れることがある。 ・中身が見えるので，改まった礼状やわび状,こみ入った内容には不向き。 ・相手に届くまで時間がかかる。	・通知状　　　・案内状 ・送り状　　　・旅先からの便り ・各種お祝い　・お礼 ・季節の挨拶
FAX	・手書きの図やイラストを文章といっしょに送れる。 ・すぐに届く。 ・控えが手元に残る。	・多量の資料の送付には不向き。 ・事務的な用途で使われることが多く，改まった内容の文書,初対面の人へは不向き。	・地図，イラストの入った文書 ・印刷物（本・雑誌など）
電話	・急ぎの連絡に便利。 ・相手の反応をすぐに確認できる。 ・直接声が聞けるので,安心感がある。	・連絡できる時間帯が制限される。 ・長々としたこみ入った内容は伝えづらい。	・緊急の用件 ・確実に用件を伝えたいとき
メール	・瞬時に届く。　・控えが残る。 ・コストが安い。 ・大容量の資料や画像をデータで送ることができる。 ・一度に大勢の人に送ることができる。 ・相手の居場所や状況を気にせず送れる。	・事務的な印象を与えるので，改まった礼状やわび状には不向き。 ・パソコンや携帯電話を持っていない人には送れない。 ・ウィルスなどへの対応が必要。	・データで送りたいとき ・ビジネス上の連絡

Point

　はがきは手軽で便利だが，おわびやお願い，格式を重んじる手紙には不向きとなる。この種の手紙は内容もこみ入ったものとなり，加えて丁寧な文章で書かなければならないので,数行で済むことはまず考えられない。また,封筒に入っていないため,他人の目に触れるという難点もある。このように,はがきにも長所と短所があるため，使う場面や相手によって，他の通信手段と使い分けることが必要となる。

　はがき以外にも，封書・電話・ＦＡＸ・メールなど，現代ではさまざまな通信手段がある。上に示したように，それぞれ長所と短所があるので，特徴を知って用途によって上手に使い分けよう。

社会人のマナーとして，電話応対のスキルは必要不可欠。まずは失礼なく電話に出ることからはじめよう。積極性が重要だ。

相手の顔が見えない分
対応には細心の注意を

■電話をかける場合

①　○○先生に電話をする

×「私，□□社の××と言いますが，○○様はおられますでしょうか？」

○「××と申しますが，○○様はいらっしゃいますか？」

「おられますか」は「おる」を謙譲語として使うため，通常は相手がいるかどうかに関しては，「いらっしゃる」を使うのが一般的。

②　相手の状況を確かめる

×「こんにちは，××です，先日のですね…」

○「××です，先日は有り難うございました，今お時間よろしいでしょうか？」

相手が忙しくないかどうか，状況を聞いてから話を始めるのがマナー。また，やむを得ず夜間や早朝，休日などに電話をかける際は，「夜分（朝早く）に申し訳ございません」「お休みのところ恐れ入ります」などのお詫びの言葉もひと言添えて話す。

③　相手が不在，何時ごろ戻るかを聞く場合

×「戻りは何時ごろですか？」

○「何時ごろお戻りになりますでしょうか？」

「戻り」はそのままの言い方，相手にはきちんと尊敬語を使う。

④　また自分からかけることを伝える

×「そうですか，ではまたかけますので」

○「それではまた後ほど（改めて）お電話させていただきます」

戻る時間がわかる場合は，「またお戻りになりましたころにでも」「また午後にでも」などの表現もできる。

■電話を受ける場合

① 電話を取ったら

× 「はい，もしもし，○○（社名）ですが」

○ **「はい，○○（社名）でございます」**

② 相手の名前を聞いて

× 「どうも，どうも」

○ **「いつもお世話になっております」**

あいさつ言葉として定着している決まり文句ではあるが，日頃のお付き合いがあってこそ。あいさつ言葉もきちんと述べよう。「お世話様」という言葉も時折耳にするが，敬意が軽い言い方となる。適切な言葉を使い分けよう。

③ 相手が名乗らない

× 「どなたですか？」「どちらさまですか？」

○ **「失礼ですが，お名前をうかがってもよろしいでしょうか？」**

名乗るのが基本だが，尋ねる態度も失礼にならないように適切な応対を心がけよう。

④ 電話番号や住所を教えてほしいと言われた場合

× 「はい，いいでしょうか？」　　× 「メモのご用意は？」

○ **「はい，申し上げます，よろしいでしょうか？」**

「メモのご用意は？」は，一見親切なようにも聞こえるが，尋ねる相手も用意していることがほとんど。押し付けがましくならない程度に。

⑤ 上司への取次を頼まれた場合

× 「はい，今代わります」　　× 「○○部長ですね，お待ちください」

○ **「部長の○○でございますね，ただいま代わりますので，少々お待ちくださいませ」**

○○部長という表現は，相手側の言い方となる。自分側を述べる場合は，「部長の○○」「○○」が適切。

Point

自分から電話をかける場合は，まずは自分の会社名や氏名を名乗るのがマナー。たとえ目的の相手が直接出た場合でも，電話では相手の様子が見えないことがほとんど。自分の勝手な判断で話し始めるのではなく，相手の都合を伺い，そのうえで話を始めるのが社会人として必要な気配りとなる。

デキるオトナをアピール

時候の挨拶

月	漢語調の表現 候，みぎりなどを付けて用いられます	口語調の表現
1月 (睦月)	初春・新春　頌春・ 小寒・大寒・厳寒	皆様におかれましては，よき初春をお迎えのことと存じます／厳しい寒さが続いております／珍しく暖かな寒の入りとなりました／大寒という言葉通りの厳しい寒さでございます
2月 (如月)	春寒・余寒・残寒・ 立春・梅花・向春	立春とは名ばかりの寒さ厳しい毎日でございます／梅の花もちらほらとふくらみ始め，春の訪れを感じる今日この頃です／春の訪れが待ち遠しいこのごろでございます
3月 (弥生)	早春・浅春・春寒・ 春分・春暖	寒さもようやくゆるみ，日ましに春めいてまいりました／ひと雨ごとに春めいてまいりました／日増しに暖かさが加わってまいりました
4月 (卯月)	春暖・陽春・桜花・ 桜花爛漫	桜花爛漫の季節を迎えました／春光うららかな好季節となりました／花冷えとでも申しましょうか，何だか肌寒い日が続いております
5月 (皐月)	新緑・薫風・惜春・ 晩春・立夏・若葉	風薫るさわやかな季節を迎えました／木々の緑が目にまぶしいようでございます／目に青葉，山ほととぎす，初鰹の句も思い出される季節となりました
6月 (水無月)	梅雨・向暑・初夏・ 薄暑・麦秋	初夏の風もさわやかな毎日でございます／梅雨前線が近づいてまいりました／梅雨の晴れ間にのぞく青空は，まさに夏を思わせるようです
7月 (文月)	盛夏・大暑・炎暑・ 酷暑・猛暑	梅雨が明けたとたん，うだるような暑さが続いております／長い梅雨も明け，いよいよ本格的な夏がやってまいりました／風鈴の音がわずかに涼を運んでくれているようです
8月 (葉月)	残暑・晩夏・処暑・ 秋暑	立秋とはほんとうに名ばかりの厳しい暑さの毎日です／残暑たえがたい毎日でございます／朝夕はいくらかしのぎやすくなってまいりました
9月 (長月)	初秋・新秋・爽秋・ 新涼・清涼	九月に入りましてもなお，日差しの強い毎日です／暑さもやっとおとろえはじめたようでございます／残暑も去り，ずいぶんとしのぎやすくなってまいりました
10月 (神無月)	清秋・錦秋・秋涼・ 秋冷・寒露	秋風もさわやかな過ごしやすい季節となりました／街路樹の葉も日ごとに色を増しております／紅葉の便りの聞かれるころとなりました／秋深く，日増しに冷気も加わってまいりました
11月 (霜月)	晩秋・暮秋・霜降・ 初霜・向寒	立冬を迎え，まさに冬到来を感じる寒さです／木枯らしの季節になりました／日ごとに冷気が増すようでございます／朝夕はひときわ冷え込むようになりました
12月 (師走)	寒冷・初冬・師走・ 歳晩	師走を迎え，何かと慌ただしい日々をお過ごしのことと存じます／年の瀬も押しつまり，何かとお忙しくお過ごしのことと存じます／今年も残すところわずかとなりました，お忙しい毎日とお察しいたします

202　第3章

シチュエーション別会話例

シチュエーション 1　　取引先との会話

「非常に素晴らしいお話で感心しました」→NG！

　「感心する」は相手の立派な行為や，優れた技量などに心を動かされるという意味。意味としては間違いではないが，目上の人に用いると，偉そうに聞こえかねない表現。「感動しました」などに言い換えるほうが好ましい。

シチュエーション 2　　子どもとの会話

「お母さんは，明日はいますか？」→NG！

　たとえ子どもとの会話でも，子どもの年齢によっては，ある程度の敬語を使うほうが好ましい。「明日はいらっしゃいますか」では，むずかしすぎると感じるならば，「お出かけですか」などと表現することもできる。

シチュエーション 3　　同僚との会話

「今，お暇ですか」→NG？

　同じ立場同士なので，暇に「お」が付いた形で「お暇」ぐらいでも構わないともいえるが，「暇」というのは，するべきことも何もない時間という意味。そのため「お暇ですか」では，あまりにも直接的になってしまう。その意味では「手が空いている」→「空いていらっしゃる」→「お手透き」などに言い換えることで，やわらかく敬意も含んだ表現になる。

シチュエーション 4　　上司との会話

「なるほどですね」→NG！

　「なるほど」とは，相手の言葉を受けて，自分も同意見であることを表すため，相手の言葉・意見を自分が評価するというニュアンスも含まれている。そのため自分が評価して述べているという偉そうな表現にもなりかねない。同じ同意ならば，頷き「おっしゃる通りです」などの言葉のほうが誤解なく伝わる。

就活スケジュールシート

■年間スケジュールシート

1月	2月	3月	4月	5月	6月
企業関連スケジュール					
自己の行動計画					

就職活動をすすめるうえで，当然重要になってくるのは，自己のスケジュール管理だ。企業の選考スケジュールを把握することも大切だが，自分のペースで進めることになる自己分析や業界・企業研究，面接試験のトレーニング等の計画を立てることも忘れてはいけない。スケジュールシートに「記入」する作業を通して，短期・長期の両方の面から就職試験を考えるきっかけにしよう。

7月	8月	9月	10月	11月	12月
企業関連スケジュール					
自己の行動計画					

●情報提供のお願い●

就職活動研究会では，就職活動に関する情報を募集しています。

エントリーシートやグループディスカッション，面接，筆記試験の内容等について情報をお寄せください。ご応募はメールアドレス（edit@kyodo-s.jp）へお願いいたします。お送りくださいました方々には薄謝をさしあげます。

ご協力よろしくお願いいたします。

会社別就活ハンドブックシリーズ

GMO インターネットグループの就活ハンドブック

編　者　就職活動研究会

発　行　令和6年2月25日

発行者　小貫輝雄

発行所　協同出版株式会社

〒 101 − 0054
東京都千代田区神田錦町2 − 5
電話　03 − 3295 − 1341
振替　東京00190 − 4 − 94061

印刷所　協同出版・POD 工場

落丁・乱丁はお取り替えいたします

●2025年度版●
会社別就活ハンドブックシリーズ
【全111点】

運　輸

東日本旅客鉄道の就活ハンドブック

東海旅客鉄道の就活ハンドブック

西日本旅客鉄道の就活ハンドブック

東京地下鉄の就活ハンドブック

小田急電鉄の就活ハンドブック

阪急阪神 HD の就活ハンドブック

商船三井の就活ハンドブック

日本郵船の就活ハンドブック

機　械

三菱重工業の就活ハンドブック

川崎重工業の就活ハンドブック

IHI の就活ハンドブック

島津製作所の就活ハンドブック

浜松ホトニクスの就活ハンドブック

村田製作所の就活ハンドブック

クボタの就活ハンドブック

金　融

三菱 UFJ 銀行の就活ハンドブック

三菱 UFJ 信託銀行の就活ハンドブック

みずほ FG の就活ハンドブック

三井住友銀行の就活ハンドブック

三井住友信託銀行の就活ハンドブック

野村證券の就活ハンドブック

りそなグループの就活ハンドブック

ふくおか FG の就活ハンドブック

日本政策投資銀行の就活ハンドブック

建設・不動産

三菱地所の就活ハンドブック

三井不動産の就活ハンドブック

積水ハウスの就活ハンドブック

大和ハウス工業の就活ハンドブック

鹿島建設の就活ハンドブック

大成建設の就活ハンドブック

清水建設の就活ハンドブック

資源・素材

旭旭化成グループの就活ハンドブック

東レの就活ハンドブック

ワコールの就活ハンドブック

関西電力の就活ハンドブック

日本製鉄の就活ハンドブック

中部電力の就活ハンドブック

九州電力の就活ハンドブック

自動車

トヨタ自動車の就活ハンドブック   デンソーの就活ハンドブック

本田技研工業の就活ハンドブック   日産自動車の就活ハンドブック

商　社

三菱商事の就活ハンドブック   伊藤忠商事の就活ハンドブック

住友商事の就活ハンドブック   双日の就活ハンドブック

丸紅の就活ハンドブック   豊田通商の就活ハンドブック

三井物産の就活ハンドブック

情報通信・IT

NTT データの就活ハンドブック   サイバーエージェントの就活ハンドブック

NTT ドコモの就活ハンドブック   LINE ヤフーの就活ハンドブック

野村総合研究所の就活ハンドブック   SCSK の就活ハンドブック

日本電信電話の就活ハンドブック   富士ソフトの就活ハンドブック

KDDI の就活ハンドブック   日本オラクルの就活ハンドブック

ソフトバンクの就活ハンドブック   GMO インターネットグループ

楽天の就活ハンドブック   オービックの就活ハンドブック

mixi の就活ハンドブック   DTS の就活ハンドブック

グリーの就活ハンドブック   TIS の就活ハンドブック

食品・飲料

サントリー HD の就活ハンドブック   日本たばこ産業 の就活ハンドブック

味の素の就活ハンドブック   日清食品グループの就活ハンドブック

キリン HD の就活ハンドブック   山崎製パンの就活ハンドブック

アサヒグループ HD の就活ハンドブック   キユーピーの就活ハンドブック

生活用品

資生堂の就活ハンドブック   武田薬品工業の就活ハンドブック

花王の就活ハンドブック

電気機器

三菱電機の就活ハンドブック	パナソニックの就活ハンドブック
ダイキン工業の就活ハンドブック	富士通の就活ハンドブック
ソニーの就活ハンドブック	キヤノンの就活ハンドブック
日立製作所の就活ハンドブック	京セラの就活ハンドブック
ＮＥＣの就活ハンドブック	オムロンの就活ハンドブック
富士フイルム HD の就活ハンドブック	キーエンスの就活ハンドブック

保 険

東京海上日動火災保険の就活ハンドブック	三井住友海上火災保険の就活ハンドブック
第一生命ホールディングスの就活ハンドブック	損保ジャパンの就活ハンドブック

メディア

日本印刷の就活ハンドブック	エイベックスの就活ハンドブック
博報堂 DY の就活ハンドブック	東宝の就活ハンドブック
TOPPAN ホールディングスの就活ハンドブック	

流通・小売

ニトリ HD の就活ハンドブック	ZOZO の就活ハンドブック
イオンの就活ハンドブック	

エンタメ・レジャー

オリエンタルランドの就活ハンドブック	任天堂の就活ハンドブック
アシックスの就活ハンドブック	カプコンの就活ハンドブック
バンダイナムコ HD の就活ハンドブック	セガサミー HD の就活ハンドブック
コナミグループの就活ハンドブック	タカラトミーの就活ハンドブック
スクウェア・エニックス HD の就活ハンドブック	

▼会社別就活ハンドブックシリーズにつきましては，協同出版のホームページからもご注文ができます。詳細は下記のサイトでご確認下さい。

https://kyodo-s.jp/examination_company